Não há limites

21 dias para praticar a Nova Aliança

Introdução	3
Capítulo 1 – Está consumado?	6
Capítulo 2 – O véu foi rasgado	16
Capítulo 3 – Dentro, não fora	28
Capítulo 4 – Visível ou invisível	38
Capítulo 5 – O quanto Deus já nos deu	48
Capítulo 6 – Não há limites	58
Capítulo 7 – É nossa vez	72
Capítulo 8 – Apropriação pela fé	82
Capítulo 9 – Como orar	94
Capítulo 10 – Duas orações importantes	106
Capítulo 11 – Nossa vida pessoal de oração	116
Capítulo 12 – Explicando Mateus 7	126
Capítulo 13 – A oração do Pai Nosso – Parte 1	138
Capítulo 14 – A oração do Pai Nosso – Parte 2	150
Capítulo 15 – O poder de nossas palavras	160
Capítulo 16 – A importância de nossa confissão	170
Capítulo 17 – A escolha é nossa	180
Capítulo 18 – O jejum na Nova Aliança	194
Capítulo 19 – O poder do jejum	204
Capítulo 20 – Uma nova geração se levanta	216
Capítulo 21 – Ações de graças	226

Introdução

Antes de escrever este livro, escrevi outro, chamado *Nova Aliança*, que tem transformado poderosamente muitas vidas. Se você ainda não o leu, recomendo que o leia antes deste aqui. Não escrevo livros para ganhar dinheiro, mas para abençoar o povo de Deus, e tenho plena convicção de que você não aproveitará, entenderá ou se beneficiará plenamente deste livro se não tiver lido o *Nova Aliança*. Na verdade, será quase impossível entender algumas coisas que digo aqui a menos que você tenha um entendimento claro da Nova Aliança que Deus fez conosco através de Jesus Cristo. E por amar você, não quero que perca todo o potencial deste livro.

Depois que comecei a ensinar sobre a Nova Aliança, que as pessoas leram o livro e começaram a assistir a minhas pregações no YouTube, tenho recebido mais retorno sobre essas mensagens do que sobre qualquer outro livro ou pregação que já fiz. Foi quando percebi que a mentalidade da Velha Aliança estava tão profundamente arraigada no coração e na mente do povo de Deus, que eles ficaram confusos, sem saber como colocar esse ensino em prática.

Essa confusão surge por duas razões. A primeira é que a maioria dos cristãos viveu a vida toda numa mistura das duas Alianças, e agora, ao viver totalmente na Nova Aliança, parece que estão fazendo algo errado. A segunda razão é que a Nova Aliança é radical demais e muda tudo em nossa vida; e, geralmente, uma mudança assim tão drástica é difícil.

O propósito deste livro não é ensinar sobre a Nova Aliança, mas lhe mostrar como colocá-la em prática a fim de experimentar todos os seus benefícios. Não ouso julgar ninguém que não ande totalmente debaixo da Nova Aliança, pois eu mesmo andei sob uma mistura das duas alianças durante muitos anos de minha vida. Fui criado numa igreja com pessoas maravilhosas que realmente amavam a Deus, contudo, o relacionamento delas com o Senhor era baseado na lei e na religião.

Eu realmente creio que a vida cristã é para ser vivida sem limitações, e que conhecer e praticar a Nova Aliança removerá todas elas de nossa vida, tanto as que nos foram impostas quanto as que nós mesmos nos impusemos. Não considero que eu já tenha alcançado esse nível de liberdade ilimitada, mas meu coração anseia por experimentá-la plenamente.

Continuarei rompendo limites até o dia em que Jesus voltar, e contarei totalmente com Sua graça para isso.

Neste livro, também trato de assuntos que têm gerado certa confusão, como oração e jejum na Nova Aliança. Esses ensinamentos podem parecer controversos à primeira vista, porque tudo é radicalmente diferente na Nova Aliança. Contudo, creio que quando você compreender essas verdades e aplicá-las fielmente em sua vida, começará a viver uma vida sem limitações.

Peço que você leia este livro em oração, pedindo ao Espírito Santo que abra seus olhos cada vez que você o pegar para ler, pois o objetivo dele não é tocar sua mente ou aumentar seu conhecimento, mas promover uma transformação radical em sua vida. Por favor, lembre-se de que Deus muitas vezes desagrada a mente para revelar o coração.

Capítulo 1

Está consumado?

É de propósito que começo este capítulo com uma pergunta, e a resposta óbvia a ela é: "Sim! Se Jesus disse que está consumado, então está." Contudo, minha preocupação não é se racionalmente você concorda ou discorda que está consumado, mas se você tem experimentado isso no dia a dia.

Depois de ministrar durante quase quatro décadas em muitas nações deste mundo, cheguei à triste conclusão de que a maioria dos cristãos que conheci nos cinco continentes não vive sua vida como se realmente estivesse consumado. Presumo que você entenda que quando dizemos "está consumado", estamos nos referindo às palavras de Jesus na cruz, como está registrado no evangelho de João:

Então, assim que experimentou o vinagre, exclamou Jesus: "Está consumado!" E, inclinando a cabeça, entregou seu espírito. (Jo 19.30)

Se essas palavras forem verdadeiras, e realmente estiver consumado, então isso precisa afetar todas as áreas de nossa vida: nossa maneira de orar, de crer, de ofertar, de nos vermos, de interagirmos com as pessoas etc. Se elas forem verdadeiras, então também significa que não podemos acrescentar nada à perfeita obra da cruz, que parte alguma da nossa salvação depende de nós, exceto que devemos obtê-la pela fé.

Nada pode ser acrescentado

Permita-me dar um exemplo prático. Você crê que Deus só o abençoará financeiramente se você ofertar à igreja local ou ao Reino? Se crer, terá acrescentado algo à obra consumada da cruz e, em sua experiência de vida, não estará consumado. Creio plenamente que é muito importante ofertar generosamente, mas Deus não nos abençoa porque ofertamos com generosidade. Podemos aplicar esse princípio a todas as áreas de nossa vida, e foi exatamente por isso que comecei o livro com uma pergunta.

As palavras do apóstolo Paulo em Efésios resumem perfeitamente essa verdade quando ele diz:

> *Porquanto, pela graça sois salvos, por meio da fé, e isto não vem de vós, é dom de Deus; não vem por intermédio das obras, a fim de que ninguém venha a se orgulhar por esse motivo.* (Ef 2.8,9)

Se acrescentássemos algo a nossa salvação, não seria mais pela graça, e poderíamos, então, nos orgulhar de termos feito alguma coisa para sermos salvos. A graça é um presente imerecido e não há nada que possamos acrescentar a ela, caso contrário, já não será mais graça. Paulo expressa isso com perfeição em 1 Coríntios:

> *Pelo contrário, Deus escolheu justamente o que para o mundo é insensatez para envergonhar os sábios, e escolheu precisamente o que o mundo julga fraco para ridicularizar o que é forte. Ele escolheu o que do ponto de vista do mundo é insignificante, desprezado, e o que nada é, para reduzir a nada o que é, com o objetivo de que nenhuma pessoa se vanglorie perante Ele.* (1Co 1.27-29)

No verso 29, lemos que ninguém deve se gloriar na presença dele, porque está verdadeiramente consumado e a obra da cruz é absolutamente completa. Quando estivermos diante de nosso amado Salvador que fez uma obra tão cara e perfeita na cruz, alegremente lançaremos nossas coroas a seus pés ao percebermos que todo o nosso sucesso, se é que ele tem algum valor eterno, provém unicamente da fé na obra consumada da cruz. Quando vejo tanta vanglória na igreja pelo sucesso de ministérios e o louvor que as pessoas dão a homens, eu me pergunto se elas realmente creem que está consumado de verdade.

Voltando a Efésios 2.8,9, devemos compreender que ter a salvação não significa apenas que iremos para o céu porque nossos pecados são perdoados. Ao estudarmos a Bíblia, logo fica bem claro que a obra consumada da cruz inclui cura para nosso corpo e nossa alma, restauração para nossas imperfeições, proteção contra o inimigo, prosperidade material e muitas outras coisas.

Por favor, analise sua vida com cuidado e veja se, em sua experiência diária, a obra da cruz realmente está consumada. Sua vida irradia paz, alegria, provisão e a certeza de aceitação incondicional, saúde e vitória? Todos esses aspectos fazem parte de seu dia a dia ou, ao contrário, o que permeia sua vida diária é o estresse, a necessidade, a doença, as imperfeições ou o medo? Se for, quando lhe perguntarem se está consumado, junte-se a centenas de milhões de outros cristãos ao redor do mundo e, com toda a honestidade, responda: "Não!". Não que a obra da cruz não esteja consumada, mas em sua experiência de vida, em seu dia a dia, ela não está.

O futuro já começou

Se verdadeiramente cremos e, na prática, andamos na obra consumada da cruz, devemos parar de esperar que Deus faça nosso milagre no futuro. Como expliquei em meu livro sobre a Nova Aliança, se quisermos viver uma vida sem limitações, é fundamental lermos a Bíblia de acordo com a gramática com que ela foi escrita. Não devemos colocar no futuro aquilo que Deus declarou que já aconteceu.

Noite passada, recebi uma mensagem de áudio de uma amiga querida cujo marido está muito doente e sofrendo há vários anos. Finalmente eles decidiram crer no milagre de Deus, e ela me disse que agora realmente acredita que um dia Jesus curará seu marido. Parece uma atitude maravilhosa, mas raramente gera o resultado desejado, porque o milagre permanece no futuro.

Esse conceito de esperar que nosso milagre aconteça pertence à Velha Aliança e impõe limitações a nossa vida que Deus jamais quis impor. E a cada dia que o milagre não chega e tentamos nos convencer de que amanhã será o dia, a frustração e a decepção em nosso coração só aumentam. Estamos constantemente tentando alcançar algo que, na verdade, já aconteceu. O futuro com tudo o que precisaremos em toda a nossa vida já começou há dois mil anos. O mundo espiritual é eterno, sem começo nem fim; ele não é limitado pelo tempo.

Se quisermos aprender a remover todas as limitações de nossa vida, devemos parar de olhar para o futuro em busca do milagre que desejamos e, sim, olhar para o passado e para a obra da cruz consumada há dois mil anos.

Muitas vezes, os cristãos começam a vida a partir de uma salvação limitada, que só inclui o perdão dos pecados e ir para o céu, mas não engloba tudo o que Cristo já fez por eles. Ao longo de décadas de vida cristã, eles seguem num progresso lento, esforçando-se para vencer o pecado, tentando confiar em Deus e se tornar cristãos maduros. Desde o início, eles aprendem que todas essas coisas estão no futuro e que devem conquistá-las, mas esse modo de crer vai contra a obra consumada da cruz. Nosso futuro, na verdade, começou dois mil anos atrás, e tudo o que precisamos fazer é aprender a entrar nele pela fé.

Há um versículo muito conhecido do livro de Isaías que ilustra isso muito bem:

> *Mas, de fato, ele foi transpassado por causa das nossas próprias culpas e transgressões, foi esmagado por conta das nossas iniquidades; o castigo que nos propiciou a paz caiu todo sobre ele, e mediante suas feridas fomos curados.* (Is 53.5)

Algumas traduções da Bíblia trazem essa última frase, sobre sermos curados, no passado, enquanto outras a colocam no presente. De acordo com as pesquisas que fiz da gramática original, ela foi escrita como uma ação finalizada, então, nosso coração deve aceitá-la como concluída, porque o futuro (que é o milagre de cura pelo qual você espera) começou muito tempo atrás e já foi concluído. Deus não precisa fazer mais nada. Devemos rejeitar as limitações que a incredulidade nos impõe.

O próprio Jesus citou esse mesmo trecho das Escrituras num contexto interessante, registrado em Mateus:

> *No início da noite, trouxeram-lhe muitos endemoninhados; e Ele, com apenas uma palavra, expulsou os espíritos e curou todos os que estavam doentes. Assim se cumpriu o que fora dito por intermédio do profeta Isaías: "Ele tomou sobre si as nossas enfermidades e pessoalmente levou as nossas doenças".* (Mt 8.16,17)

Jesus andou por aqui curando todos os doentes a fim de mostrar que essa profecia estava sendo cumprida. E quando lemos a primeira epístola de Pedro, vemos que o autor citou o mesmo versículo colocando-o claramente no passado:

> *Ele levou pessoalmente todos os nossos pecados em seu próprio corpo sobre o madeiro, a fim de que morrêssemos para os pecados e, então, pudéssemos viver para a justiça; por intermédio das suas feridas fostes curados.* (1 Pe 2.24)

Quero que você realmente se aproprie desta verdade com todo o seu coração. O profeta Isaías predisse que isso aconteceria; dois mil anos atrás, Jesus cumpriu essa profecia e, agora, estamos olhando para trás e desfrutando de seus benefícios. Então, aqui vemos passado, presente e futuro se unindo. O futuro do seu milagre realmente começou quando foi profetizado por Isaías há milhares de anos. Dois mil anos atrás, através da vida e da morte de Jesus, ele foi cumprido e, a partir daquele momento, verdadeiramente pertence a você.

Por favor, pare de esperar pelo futuro para que Deus faça algo por você! Essa atitude impõe limitações demais a sua vida. Em vez disso, olhe para trás, para quando Jesus bradou estas palavras poderosas: "Está consumado", pois a partir daquele momento, seu futuro adentrou seu presente. Se não compreendermos essas verdades, não só corremos o risco de nos limitar, mas também de impor limitações a Deus, que é todo-poderoso. O salmista nos diz:

> *Voltaram atrás, e tentaram a Deus, e duvidaram do Santo de Israel. Não se lembraram do poder da sua mão* (Sl 78.41,42 – ARC)

Esse versículo traz um santo temor ao nosso coração. Como podemos limitar o Deus que não tem limites? Embora Ele seja todo-poderoso, o que experimentamos de suas obras em nossa vida não depende dele, mas de nós. Ele já decidiu nos dar uma vida abundantemente abençoada, desfrutando de todos os benefícios de sua bondade. Somos nós que o limitamos através de nossas tradições, de nossa mentalidade natural, que é nossa mente que não foi renovada, e pela incredulidade em nosso coração.

Se tivermos a firme convicção em nosso coração de que a obra da cruz realmente está consumada, isso deve se manifestar em todas as áreas de nossa vida. Devemos desejar profundamente viver uma vida que expresse radicalmente a obra consumada para a glória de nosso Senhor, que pagou um preço tão alto por isso. Também devemos aprender a superar as decepções que já tivemos.

Descobri que muitas vezes os cristãos vivem na esperança em vez de viverem pela fé verdadeiramente bíblica, que é o que precisamos para experimentar plenamente a obra consumada da cruz. Eles se empolgam demais com os sonhos que estão buscando e ficam repetindo para si mesmos que creem, quando, na verdade, não há base alguma para sua fé. Eles vivem em constante esperança e, no final, ficam decepcionados. As únicas bases verdadeiras para nossa fé são a Palavra de Deus escrita e a obra consumada. Se Jesus não pagou por algo, você não pode crer de verdade que o receberá e, portanto, não o experimentará.

Capítulo 2

O véu foi rasgado

É bem comum ouvir cristãos orarem por céus abertos. Eles usam conceitos do Antigo Testamento, pedindo: "Rasgue os céus e desça, ó Senhor!"; falam de determinadas regiões e nações onde os céus são mais abertos do que em outros lugares, ou sobre nações que estão sob um céu fechado. Mas, em minha opinião, esse entendimento é uma crença terrível e se opõe à obra consumada da cruz.

Na China comunista, onde os cristãos são terrivelmente perseguidos, torturados e até martirizados, poderíamos presumir que o céu está fechado. Contudo, quando esse país comunista começou a se abrir para o mundo ocidental, vários cristãos avivados apareceram. Alguns missiólogos (pessoas que estudam missões) disseram que os cristãos avivados compõem cerca de 20 por cento ou mais da população na China. Mas, se os céus realmente estivessem fechados naquele país, como um mover de Deus tão poderoso poderia acontecer? Entendo que algumas pessoas sejam mais abertas para o evangelho do que outras, mas isso não tem nada a ver com céu aberto ou fechado.

Na década de 1980, eu viajava para países comunistas que eram fechados para o evangelho. Na mente de muitos cristãos do mundo ocidental, os céus sobre esses países estavam fechados, mas, surpreendentemente, encontramos grandes igrejas com cristãos radicalmente comprometidos que seguiam Cristo de forma destemida. Se aceitarmos essa ideia de que há lugares onde os céus ainda não estão abertos, colocamos limitações terríveis sobre nossa vida. Porém, como o título deste livro diz, não há limites. Devemos entender e crer que os céus estão abertos.

A obra da cruz realmente está consumada, e quando Jesus bradou, "Está consumado!", os céus foram rasgados e permanecem abertos desde então. A partir daquele momento, todo filho de Deus passou a ter acesso totalmente livre e permanente ao céu e à presença de Deus. Todo cristão vive sob um céu aberto, quer creia ou não. A verdade bíblica é definitiva e absoluta, mas, se nós a trazemos à realidade em nossa própria experiência, aí já é outra história. Aqueles que a experimentam são os que compreendem e a tomam por uma fé inabalável.

Como lemos em 1 Coríntios:

Porque o Reino de Deus não consiste de palavras, mas de poder! (1Co 4.20)

Os cristãos que não experimentam essa verdade com frequência criam uma teologia em torno da sua falta de experiência, o que é muito perigoso e destrutivo. Há duas coisas que nos impedem de ter a experiência de andar sob um céu permanentemente aberto: a incredulidade e a falta de conhecimento. Portanto, o fato de não experimentarmos a verdade bíblica não significa que possamos mudá-la. Por exemplo, não podemos desenvolver uma teologia que diga que Deus nem sempre quer curar todo mundo simplesmente porque não temos experimentado isso. Devemos insistir em alinhar nossa experiência à Palavra de Deus.

Você pode ser multimilionário, mas se não souber que o dinheiro está em sua conta, pode morrer de fome mesmo sendo rico. Posso lhe dar um milhão de reais em dinheiro, mas se você não acreditar que o dinheiro é verdadeiro, ao contrário, achar que é falso, não o usará pela fé e não comprará nada com ele. Ministrei em lugares muito sombrios neste mundo, onde a opressão era muito forte e os céus pareciam fechados, mas pela fé, eu tive acesso ao céu e o trouxe para a terra.

Em 2005, minha esposa, Debi, e eu ministramos numa igreja na Áustria. As pessoas vieram de várias igrejas e denominações, algumas de origem bem religiosa, e se reuniram para nos ouvir. Quando entrei na reunião, eu disse a Debi: "Quando eu terminar de pregar, nós dois vamos ministrar profeticamente a essas pessoas".

Naquela época, não estávamos mais morando na Áustria, mas nos Estados Unidos, e fazíamos parte de um movimento conhecido por um ministério profético muito forte. Morávamos numa cidade pequena para onde muitos cristãos se mudaram porque aquela área tinha a reputação entre eles de estar debaixo de um céu aberto. Debi estava acostumada àquela atmosfera diferente da qual desfrutávamos nas reuniões nos Estados Unidos, o oposto do clima de opressão naquela reunião na Áustria.

Quando chegou o momento de ministrar e eu encorajei minha esposa a começar a profetizar, ela me disse que não conseguia ouvir palavras proféticas porque o céu estava fechado. Mas eu respondi simplesmente: "Então abra-o pela fé!"

Assim como ela, eu senti a mesma opressão na reunião, e quando eu disse, "Abra-o", entendi que não podemos abrir o céu porque ele já está aberto. Ela também sabia que aquilo significava, pela fé, acessar o céu que você sente que está fechado, mas, na verdade, já está aberto, e liberá-lo na terra. E quando ela fez isso, Deus a usou maravilhosamente para profetizar para muitas pessoas.

Quando os céus se abriram?

Quando Jesus, lá na cruz, disse, "Está consumado", os céus foram rasgados e permanecem abertos desde então. Tudo o que lemos na Bíblia deve ser lido e compreendido através desse versículo, inclusive os ensinamentos de Jesus.

Os quatro evangelhos nos dão diferentes aspectos e visões da crucificação e dos últimos momentos de Jesus. Primeiro, vamos ler novamente, no evangelho de João, a única passagem que relata que Jesus exclamou, "Está consumado!".

Então, assim que experimentou o vinagre, exclamou Jesus: "Está consumado!" E, inclinando a cabeça, entregou seu espírito. (Jo 19.30)

João nos diz que Jesus disse essas palavras em alta voz, inclinou a cabeça e morreu. Então, continuou a nos contar que suas pernas não foram quebradas, mas o perfuraram com uma lança e sepultaram seu corpo.

Agora, vejamos o relato de Mateus:

Então Jesus exclamou, uma vez mais, em alta voz e entregou o espírito. No mesmo instante, o véu do santuário rasgou-se em duas partes, de alto a baixo. A terra estremeceu, e fenderam-se as rochas. (Mt 27.50,51)

João nos disse que ele exclamou e depois morreu, mas não relata o que aconteceu depois disso, mas Mateus nos mostra uma imagem mais clara. Mateus não nos diz o que Jesus bradou, mas simplesmente que ele exclamou algo imediatamente antes de morrer. Esses dois evangelhos nos contam que Jesus proferiu as últimas palavras antes de morrer.

No relato de Marcos, temos o seguinte:

Todavia, Jesus, com um forte brado, expirou. Então, o véu do Lugar Santíssimo rasgou-se em duas partes, de alto a baixo. (Mc 15.37,38)

Embora todos os três evangelhos concordem que Jesus morreu imediatamente após ter dito suas últimas palavras, apenas Mateus e Marcos nos dizem o que realmente aconteceu depois, ou seja, que o véu do templo se rasgou em duas partes, de alto a baixo.

Foi Deus quem instruiu seu povo a confeccionar o véu para separar o Lugar Santo do Santo dos Santos quando estavam construindo o Tabernáculo citado no livro do Êxodo:

Pendurarás o véu pelos colchetes e colocarás atrás do véu a Arca da Aliança. Esse véu separará o Lugar Santo e o Santo dos Santos. (Êx 26.33)

O Santo dos Santos era o lugar em que estava a presença manifesta de Deus, e somente o Sumo Sacerdote podia entrar lá, uma vez ao ano e sob condições especiais. Esse é um assunto maravilhoso, mas não o estudaremos aqui porque tomaria muito tempo.

Em Hebreus, lemos:

Essa esperança é para nós como âncora da alma, firme e segura, a qual tem pleno acesso ao santuário interior, por trás do véu, onde Jesus adentrou por nós, como precursor, tornando-se sumo sacerdote para sempre, segundo a ordem de Melquisedeque. (Hb 6.19,20)

E no capítulo 9, ainda do livro de Hebreus, temos:

Pois Cristo não adentrou a um santuário erguido por mãos humanas, uma simples ilustração do que é verdadeiro; Ele entrou nos céus, para agora se apresentar diante de Deus em nosso benefício; Ele também não se ofereceu muitas vezes, como procede o sumo sacerdote que entra no Santo dos Santos de ano em ano portando sangue alheio. (Hb 9.24,25)

Podemos ver claramente que o Santo dos Santos é um tipo do próprio céu, onde Deus está assentado em seu trono. Então, no momento em que o véu do Santo dos Santos foi rasgado, o céu, que antes também estava fechado, foi aberto. Esse véu tinha aproximadamente 18 metros de altura, nove metros de largura e dez centímetros de espessura. Os historiadores e estudiosos daquela época dizem que eram necessários 300 sacerdotes apenas para movê-lo um pouco, e nem mesmo um terremoto poderia ter rasgado aquele véu.

Meu coração quase pula para fora do peito quando medito nessa linda verdade, que quando Jesus exclamou "Está consumado!", o próprio Deus rasgou aquele véu grosso de cima a baixo, representando que o céu estava aberto para todo mundo. Agora, você e eu temos livre acesso à presença de Deus porque os céus foram rasgados. É interessante observar que o véu não foi rasgado de baixo para cima, como teria acontecido se algum homem tivesse tentado rasgá-lo. Deus mesmo, lá do céu, o rasgou de cima para baixo.

Dois acontecimentos importantes

Dois acontecimentos cruciais ocorreram quando o véu foi rasgado. Primeiro, os anjos de Deus passaram a estar constantemente disponíveis para nós. Vamos ler o que está escrito no evangelho de João:

> *No dia seguinte, Jesus decidiu ir para a Galileia. Quando encontrou a Filipe, disse-lhe: "Segue-me." Ora, Filipe era de Betsaida, cidade de André e de Pedro. Filipe encontrou a Natanael e disse-lhe: "Encontramos Aquele sobre quem Moisés escreveu na Lei, e a respeito de quem também escreveram os profetas: Jesus de Nazaré, filho de José". E Natanael disse-lhe: "Pode alguma coisa boa vir de Nazaré?" Filipe respondeu-lhe: "Vem e vê". Jesus viu Natanael se aproximando e disse a seu respeito: "Eis um verdadeiro israelita, em quem não há falsidade!" Disse-lhe Natanael: "De onde me conheces?" Respondeu-lhe Jesus: "Antes de Filipe te chamar, quando tu estavas debaixo da figueira, eu te vi". Natanael exclamou: "Mestre, Tu és o Filho de Deus! Tu és o Rei de Israel!" Jesus lhe respondeu: "Porque Eu disse que te vi debaixo da figueira, crês? Pois tu verás coisas muito maiores do*

que estas". E disse-lhes Jesus: "Em verdade, em verdade vos asseguro que vereis o céu aberto e os anjos de Deus subindo e descendo sobre o Filho do homem". (Jo 1.43-51)

No versículo 51, Jesus disse que, sob o céu aberto, os anjos desceriam e subiriam sobre o Filho do Homem. Como agora nós somos os filhos de Deus, isso significa que os anjos estão em constante atividade ao nosso redor, prontos para subir ao céu e trazer tudo de lá para nós. Muitas pessoas já me disseram que isso se aplica somente a Jesus, mas eu discordo totalmente. Jesus estabeleceu o padrão de como devemos viver, conforme lemos na primeira epístola de João:

Quem declara que permanece nele também deve andar como Ele andou. (1Jo 2.6)

Se devemos andar exatamente como Jesus andou, então também devemos mobilizar os anjos assim como ele fez, já que também vivemos sob o céu aberto como ele viveu.

O segundo acontecimento importante ocorrido quando o véu foi rasgado é que agora temos acesso ao céu. Jesus estava no céu e na terra ao mesmo tempo, conforme o que está escrito no evangelho de João:

> *Ninguém jamais subiu ao céu, a não ser Aquele que veio do céu: o Filho do homem que está no céu.* (Jo 3.13)

É claro que Jesus estava na terra quando disse essas palavras a Nicodemos, contudo, ele disse que o Filho do homem *está* no céu. Então, onde ele estava naquele momento, no céu ou na terra? Sem dúvida, ele estava em ambos os lugares ao mesmo tempo. No capítulo 14 do evangelho de João, a Bíblia nos dá outra evidência de que Jesus estava nos dois lugares:

> *E, quando eu for e preparar um lugar, voltarei e os receberei para mim mesmo, para que, onde eu estou, vocês estejam também.* (Jo 14.3 – NAA)

Aqui vemos novamente que Jesus estava no céu e na terra ao mesmo tempo. Devemos ler a Bíblia na gramática em que ela foi escrita, portanto, enquanto estava na terra, Jesus disse aos discípulos que ele iria ao céu, então, um dia voltaria para buscá-los, não para o lugar onde ele estaria, mas para onde ele *está*, isto é, agora, no tempo presente. Essa é uma verdade que muitas pessoas têm dificuldade de entender, mas abra seu coração e permita que o Senhor lhe ensine que o céu já é uma realidade agora.

Capítulo 3

Dentro, não fora

Procurando a solução

Parafraseando o que disse Agostinho, um dos grandes pais da igreja: "Senhor, eu me desgastei buscando-o do lado de fora, quando o único lugar em que poderia encontrá-lo é dentro de mim". Exatamente como fiz durante muitos anos antes de entender o poder da Nova Aliança e da vida sem limitações, descobri que os cristãos normalmente tentam encontrar fora a solução para seus problemas, em vez de buscá-la dentro de si. Vou explicar como isso acontece.

Quando precisamos de sabedoria para determinada situação, buscamos conselho de homens, ou seja, procuramos a solução para nosso problema numa fonte externa. Quando precisamos ministrar, oramos para que Deus libere uma unção, isto é, procuramos uma solução externa para o problema. Porém, no momento em que fomos salvos, Deus depositou sua natureza divina em nosso espírito e Cristo fixou residência dentro de nós, sendo assim, a solução de todos os problemas que possamos enfrentar agora está dentro de nós. Nascemos de uma semente incorruptível, e tudo de que precisamos para viver uma vida vitoriosa, próspera, frutífera e bem-sucedida já foi depositado dentro de nós.

O título deste livro é *Não há limites* porque eu realmente creio que, do ponto de vista de Deus, definitivamente não há limite algum na vida de seus filhos. Foi isso o que Jesus nos disse:

> *Em verdade, em verdade vos digo: Aquele que crê em mim, esse também fará as obras que eu faço, e as fará maiores do que estas; porque eu vou para o Pai;* (Jo 14.12)

Já que as palavras de Jesus são verdadeiras, surge uma pergunta: Por que tão poucos cristãos neste mundo experimentam o que Jesus disse nesse versículo, sendo que todos deveriam experimentar? A resposta é simples: porque nós mesmos nos limitamos. Minha intenção é usar o início deste livro para mostrar o que nos limita, a fim de que, depois, possamos remover essas limitações e levar uma vida de vitória. Buscar do lado de fora a solução para nossos problemas em vez de procurá--la dentro de nós é mais um fator de limitação em nossa vida. O grande apóstolo João nos diz:

E vós tendes a unção do Santo, e sabeis todas as coisas. (1Jo 2.20 – NVI)

Dois aspectos importantes

Há dois aspectos que eu gostaria de destacar no versículo acima. O primeiro é que já temos unção. Isso significa que toda a unção de que precisamos já habita dentro de nós e jamais virá de fora. Em décadas de ministério, aprendi que quando chega a hora de ministrar a Palavra de Deus, milagres ou profecias, o que tenho que fazer é, simplesmente pela fé, me voltar para meu interior e crer que já tenho a unção e a liberarei nesses momentos.

No início de meu ministério, quando eu era jovem e estava plantando igrejas em meu país, a Áustria, tinha que pregar várias vezes por semana, pois estávamos plantando diversas igrejas ao mesmo tempo. As exigências e expectativas das pessoas eram muito grandes, e eu me sentia despreparado e sobrecarregado. Passava horas orando – da forma errada, infelizmente – e clamando a Deus para que ele aumentasse a unção.

Em um desses momentos de intensa oração, Deus falou claramente ao meu coração que essas orações eram tolas e não resultavam em nada. Naquele dia, ele me ensinou a verdade sobre me voltar para a fonte da unção em meu interior, que é Jesus. Através de uma fé simples, comecei a aplicar isso e o estresse em meu ministério desapareceu. Simplesmente comece a declarar que você já tem a unção do Santo e pare de tentar consegui-la do lado de fora.

Outro aspecto que quero ressaltar é que Deus diz que sabemos todas as coisas. Sendo assim, é justo perguntarmos: "Se sabemos todas as coisas, então por que parece que nos falta tanto conhecimento?"

Creio que a resposta está no fato de estarmos muito acostumados a viver sob a Velha Aliança e, portanto, acreditarmos nas coisas erradas. Nós nos voltamos para o exterior em busca de sabedoria e conhecimento em vez de buscarmos em nosso interior, onde Cristo habita. Buscamos nas pessoas, principalmente aquelas que acreditamos ter uma unção especial, e queremos que elas imponham as mãos sobre nós e orem por nós a fim de resolver nossos problemas. Mas o resultado disso será apenas uma vida cristã fraca e imatura, e muitas decepções. Chamo isso de vida cristã carnal.

Não sou contra orarmos uns pelos outros, eu

mesmo amo orar por meus irmãos e irmãs. Basicamente, prego e ministro para as pessoas quase todos os dias da semana, o ano todo, no mundo inteiro. Já saí de muitas reuniões com lágrimas nos olhos e tristeza no coração porque, depois de ter acabado de pregar sobre a verdade de que a fonte de tudo o que precisamos está dentro de nós, vi se formarem filas intermináveis de pessoas esperando para que eu impusesse as mãos sobre elas e resolvesse seus problemas. Elas não estavam dispostas a praticar o que tinham acabado de aprender e concordar com Deus; em vez disso, estavam tentando achar uma solução para seus problemas. Deus, em sua graça e bondade, muitas vezes opera milagres para essas pessoas preciosas; contudo, quando o próximo problema surgir, lá estarão elas, profundamente aflitas novamente. Essa atitude impõe limitações enormes ao povo de Deus.

A grande fonte

É importante entender qual é a fonte de tudo o que já está dentro de nós. E Deus nos dá essa resposta na carta aos Colossenses:

> *a quem Deus, entre os que não são judeus, aprouve dar a conhecer as riquezas da glória deste mistério,*

isto é, Cristo em vós, a esperança da glória! (Cl 1.27)

Veja o quanto o evangelho é simples! A religião é que tem complicado tudo. A maioria dos cristãos concordaria comigo se eu dissesse que Cristo é a resposta para todos os seus problemas, e isso é verdade. Então, já que Cristo é a resposta para todos os problemas que enfrentaremos na vida, e ele vive em nós, por que buscamos a resposta fora de nós mesmos? Até quando oram ao Senhor e se voltam para ele, alguns geralmente fazem isso de forma religiosa, recorrendo a Deus como se ele estivesse fora deles, esperando que ele venha e os toque em resposta a sua oração. Essa atitude impõe limitações a nossa vida.

Lembro-me de uma reunião em que participei na Polônia, muitos anos atrás, quando o pastor disse: "Por favor, todos levantem as mãos para o Senhor". Enquanto observava todo mundo levantar as mãos aos céus, eu simplesmente coloquei minhas mãos sobre o coração e pensei: *o Senhor não está em algum lugar lá em cima, ele está dentro de mim*. Devemos nos esforçar ao máximo para parar de crer e tentar interagir com o Senhor como se ele estivesse fora de nós. Devemos parar de cantar canções que dizem algo como: "Jesus, não passe de mim" ou "Jesus, eu preciso do seu toque" ou "Vem, Senhor!".

Depois de uma reunião maravilhosa, é muito comum as pessoas dizerem: "Que presença maravilhosa de Deus nessa reunião!" Eu entendo que isso talvez seja o que elas sentiram e experimentaram, mas deixe-me dizer algo: quando simplesmente fecho meus olhos e me volto para meu interior, sinto intensamente a presença de Deus. Posso estar em qualquer lugar, a qualquer hora, até mesmo em lugares comuns, lotados e que não têm nada a ver com igreja, mas quando me volto para dentro de mim, eu me conecto com a presença de Deus.

A fonte da vida de Deus está dentro de você, portanto, você não precisa se voltar para nenhum outro lugar. Como isso é verdade, você é capaz de ouvir a voz dele, de se conectar permanentemente com ele e liberar a vida dele através de você.

Há muitos anos, fiz um estudo sobre a imposição de mãos na Bíblia. É muito interessante notar que quando Jesus disse aos discípulos para, em Seu nome, imporem as mãos sobre os doentes e eles seriam curados, ele nunca lhes disse para orar. Ele simplesmente disse para imporem as mãos sobre os doentes. Estou convicto de que, quando minhas mãos tocam os doentes, o próprio Cristo os toca, porque Cristo vive em mim, e quando ele faz isso, a doença tem que bater em retirada. É incorreto crer que quando impomos as mãos sobre os enfermos, Deus desce do céu e faz o milagre. A verdade é que o Senhor é liberado a partir do nosso interior.

Deixe o rio fluir

Jesus nos disse:

"Aquele que crê em mim, como diz a Escritura, do seu interior fluirão rios de água viva." Mas Ele se referiu ao Espírito que, mais tarde, receberiam os que nele cressem; pois o Espírito Santo até aquele momento não fora concedido, porque Jesus não havia sido ainda glorificado. (Jo 7.38,39)

Nessa passagem, lemos que os rios de água viva fluem do nosso interior. Há pessoas sedentas no mundo inteiro, pessoas cansadas de religião, mas sedentas pela vida de Cristo, ansiando por beber da água viva. Se ficarmos buscando do lado de fora algo para lhes dar de beber, nunca conseguiremos. Jesus não disse "aquele que crê em mim experimentará águas fluindo do seu interior", mas, "aquele que crê em mim, como diz a Escritura..."

Sempre que se menciona "Escritura" no Novo Testamento, esse termo é uma referência ao Velho Testamento. Mas se procurarmos em todo o Antigo Testamento, descobriremos que em lugar algum foi dito que rios de água viva fluirão de nós. Então, é óbvio que a afirmação "como diz a Escritura" não se refere aos rios de água viva, mas a crer em Jesus. Devemos crer nele exatamente como as Escrituras dizem. Todo o Antigo Testamento aponta para Cristo como aquele que selou a Nova Aliança e viverá dentro de seu povo.

A união sobrenatural

Através da Nova Aliança, nós nos tornamos um com o Senhor e, agora, somos inseparáveis. Vejamos o que está escrito em 1 Coríntios:

Entretanto, aquele que se une ao Senhor é um só espírito com Ele! (1Co 6.17)

Se realmente somos um espírito com o Senhor e ele vive em nós, então não há mais limites para nossa vida. Meu coração deseja profundamente que a igreja cristã se levante e verdadeiramente viva esta verdade: Ele e eu somos um – absolutamente inseparáveis. A vida dele se tornou minha vida; a saúde dele se tornou minha saúde; seus recursos se tornaram meus recursos; sua sabedoria se tornou minha sabedoria e assim por diante. Tudo isso não está do lado de fora, mas dentro de nós.

Alguma vez você já orou repetindo as palavras de João Batista: "Que ele cresça e eu diminua"? Assim como outros cristãos bem-intencionados no mundo inteiro, eu já fiz essa oração muitas vezes, até que meus olhos foram abertos, mas creio que os cristãos não deveriam fazê-la. Ela era correta para João Batista, já que o propósito dele era preparar o caminho para o Senhor. O contexto é muito claro: João fez muitos discípulos, então Jesus veio e fez muito mais discípulos do que ele.

Quando Jesus apareceu, João precisava sair do caminho, ou seja, diminuir, para que Cristo, aquele para quem ele preparou o caminho, pudesse então crescer. Nós não somos João Batista nem vivemos no período entre a Velha Aliança e a Nova Aliança. Hoje, Cristo vive em nós e está totalmente unido conosco. Se nós diminuímos, ele também diminui, pois somos um com ele. Pense sobre essa verdade radical e pare de impor limites a sua vida.

Capítulo 4

Visível ou invisível

Por causa de nossa mente natural e de nossa natureza humana, temos a forte tendência de colocar nosso foco e atenção no que vemos com nossos olhos naturais em vez de focarmos no que é eterno e invisível. O mundo invisível é absolutamente real, mas infelizmente os cristãos geralmente têm mais fé no que eles veem com seus olhos naturais do que naquilo que não conseguem ver. Isso nos limita demais. Neste exato momento, enquanto você está lendo este livro, anjos e demônios estão em atividade por todo lugar; você não consegue vê-los, mas eles são bem reais.

Se realmente quisermos viver uma vida sem limitações, devemos aprender esta lição valiosa, que é crer no que Deus diz mais do que no que vemos com nossos olhos naturais. Se aprendermos a colocar nossa fé no que é invisível e na infalível Palavra de Deus, começaremos a viver sem limitações.

No segundo livro dos Reis, há uma história que amo muito, pois ilustra essa questão com muita clareza:

O rei da Síria estava em guerra contra Israel. E, em conselho com os seus oficiais, disse: Em tal e tal lugar estará o meu acampamento. Mas o homem de Deus mandou dizer ao rei de Israel: Evite passar por tal lugar, porque os sírios estão descendo para ali. O rei de Israel enviou tropas ao lugar de que o homem de Deus lhe havia falado e de que o tinha avisado, e, assim, se salvou mais do que uma ou duas vezes. O rei da Síria ficou angustiado com este incidente. Então chamou os seus servos e perguntou: Vocês não vão me dizer quem dos nossos está do lado do rei de Israel? Um dos servos respondeu: Ninguém, ó rei, meu senhor. Mas o profeta Eliseu, que está em Israel, conta ao rei de Israel as palavras que o senhor fala no seu quarto de dormir. Então o rei disse: Vão e descubram onde ele está, para que eu mande prendê-lo. E contaram ao rei: Eis que ele está em Dotã. Então o rei enviou para lá cavalos, carros de guerra e um grande exército. Eles chegaram de noite e cercaram a cidade. O servo do homem de Deus levantou-se bem cedo e, ao sair, eis que tropas, cavalos e carros de guerra haviam cercado a cidade. Então o moço disse a Eliseu: Ai, meu senhor! Que faremos? Ele respondeu: Não tenha medo, porque são mais os que estão conosco do que os que estão com eles. E Eliseu orou e disse: Senhor, peço-te que abras os olhos dele para que veja. O Senhor abriu os olhos do moço, e ele viu que o monte estava cheio de cavalos e carros de fogo, ao redor de Eliseu. E, quando os sírios desceram contra ele, Eliseu orou ao Senhor e disse: Peço-te que firas esta gente de cegueira. E ele os feriu de cegueira, conforme a palavra de Eliseu. (2Rs 6.8-18 – NAA)

O profeta de Deus teve seus olhos espirituais abertos e, então, pôde viver uma vida sem limitações. O servo, que só via o que era natural, o mundo visível, estava limitado por seus próprios medos, porque sua visão era limitada. Quantas vezes passamos por circunstâncias difíceis e fomos abalados pelo que vimos em vez de pedir a Deus para vermos o que Ele vê?

Viajando e ministrando em vários lugares diferentes e orando pelos enfermos, muitas vezes eu senti o poder de Deus sair de meu corpo e tocar as pessoas pelas quais eu estava orando, contudo, elas não foram curadas.

No começo, quando isso acontecia, eu ficava confuso, mas minha esposa me levou a ver o que estava acontecendo. Médicos bem-intencionados haviam diagnosticado as pessoas com determinadas doenças, dizendo-lhes que não havia cura para elas. Então, as pessoas acreditavam mais no que era visível e nas palavras do médico do que no que era invisível e na Palavra de Deus. Por causa da incredulidade, elas não conseguiam receber o milagre. Então, quando começamos a ensiná-las e a quebrar as palavras dos médicos sobre a vida delas, elas conseguiram receber o milagre, muitas vezes instantaneamente.

Sem dúvida alguma, todos nós passamos por dificuldades. Minha família e eu já tivemos as nossas. Simplesmente faz parte da vida. O importante é sempre o seguinte: como lidamos com essas circunstâncias? Devemos aprender a ter mais fé na realidade invisível dos milagres que Deus opera do que no que vemos com nossos olhos naturais.

Por várias vezes, as pessoas já me disseram que quando declaro o milagre em vez de declarar o que eu vejo, eu só estou tentando negar as circunstâncias. Mas não estou negando nada. Estou simplesmente escolhendo acreditar que Deus não pode mentir e que Sua Palavra é a verdade, acima de tudo o que meus olhos naturais veem e o que minhas circunstâncias dizem.

Uma oração muito importante

É provável que uma das orações mais

importantes que podemos fazer é esta que está registrada em Efésios:

> *Por esse motivo, também eu, tendo ouvido falar da fé no Senhor Jesus que existe entre vós, e do vosso amor fraternal para com todos os santos, não cesso de dar graças por vós, recordando-me de vós em minhas orações, para que o Deus de nosso Senhor Jesus Cristo, o Pai da glória, vos dê o espírito de sabedoria e de revelação no pleno conhecimento dele. Oro, ainda para que os olhos do vosso coração sejam iluminados, para que saibais qual é a real esperança do chamado que Ele vos fez, quais são as riquezas da glória da sua herança nos santos e a incomparável grandeza do seu poder para conosco, os que cremos, conforme a atuação da sua portentosa força. Esse mesmo poder que agiu em Cristo, ressuscitando-o dos mortos e entronizando-o à sua direita, nas regiões celestiais, muito acima de toda potestade e autoridade, poder e domínio, e de todo nome que possa ser pronunciado, não somente nesta era, mas da mesma forma na que há de vir.* (Ef 1.15-21)

Quando eu era jovem e estava começando meu ministério, entendi a importância dessa oração. Ao longo dos anos, devo tê-la feito milhares de vezes e pedido a inúmeras pessoas que a fizessem por mim. Essa oração mostra claramente que não precisamos de mais nada de Deus, a não ser de mais revelação do que já temos. Paulo está orando pela igreja em Éfeso, para que Deus abra os olhos do entendimento, ou como lemos na versão em português, do coração deles. Aquilo que ele queria que eles vissem não poderia ser visto com os olhos naturais, apenas com os olhos do coração bem abertos.

Por que Paulo não orou para que Deus lhes desse provisão, cura, vitória e todas as outras coisas pelas quais oramos constantemente? Creio que foi porque ele entendeu que cada milagre de que precisaríamos em toda a nossa vida já é uma realidade no mundo invisível, nos lugares celestiais onde estamos assentados com Cristo. Quando enxergamos essa verdade e escolhemos parar de crer mais no que vemos com nossos olhos naturais do que no mundo invisível, podemos simplesmente pegar o que já nos pertence.

Entre outras coisas, Paulo quer que vejamos que o poder que agora opera em nós é o mesmo poder extraordinariamente grande que operou em Jesus quando o ressuscitou dos mortos. Não há poder maior do que aquele que já está ativo dentro de nós. E só podemos experimentá-lo pela fé.

A história da igreja, tanto a primitiva quanto a moderna, fala uma linguagem muito clara. As pessoas que colocaram sua fé naquilo que, embora invisível, é infalível porque foi criado pela Palavra de Deus, influenciaram nações, geraram uma reforma, moveram-se em sinais e maravilhas extraordinários, ressuscitaram mortos e viveram uma vida sem limitações. Até mesmo de Abraão se diz que ele aguardava a cidade que tem fundamento, da qual Deus é o construtor (veja Hb 11.10). Ele não viu essa cidade com seus olhos naturais, mas a viu no espírito e continuou focado nela.

Tudo o que entra através de nossos sentidos naturais é filtrado por nosso coração. Então, o que vemos com nossos olhos naturais nem sempre é realmente como o percebemos. Por exemplo, você e eu podemos ver um cachorro preto bem grande e termos duas percepções totalmente diferentes em relação a ele. Talvez, em sua percepção, ele seja um animal perverso que gera medo em seu coração, enquanto para mim é um bicho de estimação maravilhoso com o qual quero brincar. Quando aprendermos a colocar nossa fé na realidade invisível da vida sobrenatural que está dentro de nós, não seremos abalados pelo que virmos com nossos olhos naturais. Toda circunstância que vemos e enfrentamos deve ser vista da perspectiva eterna de Deus.

Deus me ensinou a viver assim na área financeira. Quando preciso tomar uma decisão, minha pergunta não é: "Será que tenho dinheiro no banco ou não?"; mas, sim, "O que Deus diz a respeito dessa situação?" No momento em que Deus diz algo, isso se torna real no mundo invisível e eu devo trazê-lo para a terra pela fé. Tomei muitas decisões radicais sem ver o dinheiro na conta bancária, apenas vendo-o como uma realidade no mundo invisível, baseado nas promessas de Deus. Quando eu dava um passo de fé, o dinheiro sempre chegava, muitas vezes dentro de poucos minutos. Não estou falando de ser irresponsável em relação às finanças e se endividar. Debi e eu fizemos um acordo de que jamais faremos dívidas, não importa o que aconteça, nem compramos nada à prestação. Se não temos dinheiro, não compramos.

A lição de Jesus

No capítulo 4 do evangelho de João, essa verdade sobre a importância de crermos no invisível é mostrada com perfeição. É aqui que se encontra aquela história muito conhecida sobre a mulher samaritana.

Jesus estava passando pela Samaria, região cujo povo era considerado inimigo dos judeus. Como estava cansado, ele se sentou num poço para descansar enquanto seus discípulos foram à cidade comprar comida. Uma mulher samaritana chegou e, através de uma palavra de conhecimento, Jesus a evangelizou e ela passou a crer. No fim, a cidade foi até lá e muitos creram. A razão pela qual Jesus teve tanto sucesso aqui foi porque seu foco não estava no que era visível, mas no invisível.

Quando os discípulos voltaram, acharam estranho que ele estivesse conversando com uma mulher. Mas creio que se Jesus tivesse ido comprar comida e deixado os discípulos lá, ninguém teria sido salvo. Jesus nos diz claramente qual era o problema dos discípulos e como resolvê-lo, como lemos neste trecho:

> *Não dizeis vós: 'Ainda há quatro meses até a colheita?'. Eu, porém, vos afirmo: erguei os olhos e vede os campos, pois já estão brancos para a colheita.* (Jo 4.35)

A única coisa que os discípulos viram foi o que seus olhos naturais conseguiam enxergar, ou seja, um povo que deveria ser evitado. Eles viram um problema, enquanto Jesus fitou os olhos no

Invisível e viu uma colheita. Em muitas nações onde preguei, os pastores me disseram que seu país é fechado para o evangelho e que é impossível levar as pessoas à salvação. É tempo de parar de prestar

atenção no que podemos ver com nossos olhos naturais. Devemos levantar nossos olhos e, pela fé, ver a realidade do mundo espiritual ao nosso redor. Eu incentivo você a constantemente orar para que Deus abra seus olhos e a tomar a decisão radical de não enxergar as coisas de uma perspectiva natural.

Capítulo 5

O quanto Deus já nos deu

Se cremos que não há limites para os filhos de Deus, a pergunta que surge é a seguinte: Quanto Deus já nos deu? Compreendermos a resposta a essa pergunta é de vital importância.

Como expliquei em meu livro sobre a Nova Aliança, os fatos celestiais são melhores que as promessas. E para descobrirmos o que Deus já nos deu, a melhor fonte à qual podemos recorrer é a Bíblia. Um dos versículos bíblicos que aprecio e que passei a amar está em Efésios:

> *Bendito seja o Deus e Pai de nosso Senhor Jesus Cristo, que nos abençoou com todas as bênçãos espirituais nas regiões celestiais em Cristo.* (Ef 1.3)

O tempo verbal usado nesse versículo é o pretérito perfeito, e devemos aceitá-lo exatamente assim, como uma ação concluída. Se mudarmos a forma gramatical na qual ele foi escrito na Bíblia, estaremos nos limitando. Ele nos diz que já fomos abençoados com todas as bênçãos espirituais, e devemos aceitar essa verdade poderosa.

Por exemplo: se você vier até mim e eu lhe der tudo o que tenho, e amanhã você voltar e me pedir para lhe dar mais, eu conseguirei fazer isso? É óbvio que não, de jeito nenhum, pois ontem eu já lhe dei tudo o que tinha. Do mesmo modo, se Deus realmente já nos deu todas as bênçãos espirituais nos lugares celestiais para desfrutarmos delas, o que precisamos fazer é aprender a ter acesso a elas, o que certamente não vai acontecer se ficarmos pedindo.

O termo grego traduzido por "abençoar" é uma palavra composta, formada de duas palavras: "declarar" e "enriquecer ou prosperar". Leia o versículo novamente e veja que, através da obra consumada da cruz, Deus já declarou que sejamos ricos e prósperos. Se compreendermos o poder da Palavra de Deus, entenderemos que quando ele fala, ele cria. Portanto, Deus já criou tudo de que precisamos para sermos ricos e prósperos. Agora, precisamos aprender a concordar com o que Deus já declarou sobre nós e criou para nós. E ao longo de todo este livro, creio que aprenderemos uma forma de viver na prática uma vida sem limitações.

Há provas suficientes na Bíblia de que Deus já nos deu tudo de que precisamos. Veja esta bela verdade da Palavra de Deus escrita em 2 Pedro:

> *Seu divino poder nos concedeu tudo de que necessitamos para a vida e para a piedade, por intermédio do pleno conhecimento daquele que nos convocou para a sua própria glória e virtude,* (2Pe 1.3)

Vamos analisar esse verso, que nos fala que tudo já nos foi dado. Primeiro, diz que foi seu divino poder que nos concedeu todas as coisas. Não há absolutamente limite algum para o poder de Deus, portanto, não há limites para o que recebemos. Em segundo lugar, ele nos diz que Ele já nos concedeu – mais uma vez, o verbo está no passado. Se continuarmos pedindo e esperando que Deus nos dê o que precisamos para ter uma vida frutífera, limitaremos a nós mesmos. Em terceiro lugar, ele está ligado à vida e à piedade. Vou explicar melhor o que isso significa.

O versículo é muito claro e significa que nós recebemos tudo de que precisamos para a vida e a piedade. O que é maravilhoso é o significado da palavra usada no idioma original da Bíblia para designar "vida". É uma palavra muito forte que significa "plenitude absoluta de vida" ou "vida da mesma natureza daquele que a dá". Vou simplificar para que você possa entender: o próprio Deus Todo-poderoso, pelo divino poder que lhe é inerente, já depositou dentro de você tudo de que você precisa para viver uma vida da mesma natureza da que Jesus viveu. É fascinante ver o quanto Deus já nos deu!

Já conheci muitos cristãos que pedem que Deus lhes dê mais do seu amor. Contudo, além de não ser bíblica, essa oração é desnecessária e só mostra que não entendemos essas verdades. Deus não precisa jamais nos dar mais amor. Só precisamos aprender a andar no amor que ele já nos deu, sobre o qual explico claramente em meu livro intitulado *Amor*.

Leia atentamente a seguinte passagem:

E a confiança não nos decepciona, porque Deus derramou seu amor em nossos corações, por meio do Espírito Santo que Ele mesmo nos outorgou. (Rm 5.5)

Como queremos que Deus nos dê mais amor se ele já derramou todo o amor dele em nosso coração? A igreja precisa aprender e parar de colocar no futuro aquilo que Deus declarou que já aconteceu. Também não precisamos de mais vitória, pois a Bíblia nos diz que já temos a vitória de Deus, como está escrito em Romanos:

Como está escrito: "Por amor de ti somos entregues à morte todos os dias; fomos considerados como ovelhas para o matadouro". Contudo, em todas as coisas somos mais que vencedores, por meio daquele que nos amou. (Rm 8.36,37)

O contexto desse versículo não é uma conferência poderosa com um preletor ungido ou o louvor perfeito. Ele fala de uma vida de problemas e dificuldades. O apóstolo Paulo sofreu muita perseguição, que ele descreve principalmente na carta aos Coríntios, e entendeu que não precisava orar por vitória, mas, em vez disso, tomar posse pela fé daquilo que já lhe pertencia. A vitória já nos foi dada em Cristo Jesus.

É tempo de o povo de Deus se levantar, renunciar e rejeitar todas as limitações e entrar numa vida sem limites. É bom termos o hábito de declarar isso sobre nossa vida constantemente. Por isso, onde quer que você esteja, eu o incentivo a ficar de pé agora mesmo e declarar comigo:

"Eu tenho o que Deus diz que eu tenho. Eu sou quem Deus diz que eu sou. Tudo de que eu preciso para viver uma vida piedosa, frutífera e vitoriosa já me foi concedido, por isso eu rejeito qualquer l

imitação em minha vida. Não me faltam boas coisas, porque, na cruz, Cristo pagou por tudo que me pertence! Então, tomo posse disso pela fé!"

Coerdeiros

Nós, cristãos, não temos problema em crer que temos uma herança. Também não temos problema em concordar que somos herdeiros de uma herança futura, que é o céu. Essas são verdades maravilhosas, mas nossa herança é muito mais do que isso apenas. Permita que este versículo penetre seu coração:

> *Se somos filhos, então, também somos herdeiros; herdeiros de Deus e coerdeiros com Cristo...* (Rm 8.17a)

O que quero enfatizar aqui não é tanto o fato de sermos herdeiros, mas de que somos coerdeiros. Jesus se tornou nosso irmão, como a Bíblia mostra claramente em Romanos, que diz:

> *Porquanto, aqueles que antecipadamente conheceu, também os predestinou para serem semelhantes à imagem do seu Filho, a fim de que Ele seja o primogênito entre muitos irmãos.* (Rm 8.29)

Como Jesus é nosso irmão, participamos da herança com ele, que é o que significa sermos coerdeiros. Na verdade, é muito simples. Nós só precisamos nos perguntar: "Isso pertence a Jesus?" Se for dele, então temos o direito legal de reivindicar também como parte da nossa herança. Paulo enfatiza esse ponto quando diz:

> *E, se sois de Cristo, então, sois descendência de Abraão e plenos herdeiros de acordo com a Promessa.* (Gl 3.29)

Outra vez, vemos que, por causa de Cristo, nós nos tornamos herdeiros. E para entendermos qual é nossa herança por direito, vejamos, neste versículo de Gênesis, quais foram as bênçãos que Deus deu a Abraão:

> *Abraão era então um homem muito idoso, avançado em dias, e o SENHOR em tudo o havia abençoado.* (Gn 24.1)

Creio que a Bíblia é absolutamente verdadeira e tomo isso ao pé da letra. Lemos que Deus abençoou Abraão *em tudo*, o que significa que área alguma de sua vida foi excluída. Ele foi vitorioso contra seus inimigos – Deus o defendeu mesmo quando ele se meteu em encrenca; ele foi incrivelmente próspero materialmente e teve filhos frutíferos. Todas as bênçãos que foram concedidas a Abraão são nossas também.

Creio que tenho mostrado claramente neste capítulo que Deus já nos concedeu tudo de que precisamos. Jesus é o verdadeiro exemplo que devemos seguir, uma vez que somos coerdeiros com ele.

Acompanhe meu raciocínio e faça o seguinte: quando você olhar para sua vida e perceber que lhe falta algo em certas áreas, não se pergunte como você pode fazer com que Deus lhe dê o que está faltando. Em vez disso, mude sua mentalidade e pergunte-se: *O que eu preciso pertence a Jesus?* Se pertencer a Ele, então é seu também. Por exemplo: "Jesus tem plena autoridade?" Se ele tem, então eu também tenho, como Mateus nos diz:

> *Então, Jesus aproximando-se deles lhes assegurou: "Toda a autoridade me foi dada no céu e na terra.* (Mt 28.18)

Como somos coerdeiros com Cristo, compartilhamos exatamente da mesma autoridade que ele tem. Jesus nos disse que ele não tem uma autoridade parcial, mas toda a autoridade. Esta é uma prova maravilhosa de que não há limites para nossa vida, uma vez que também temos toda a autoridade. Ah, como meu coração deseja que o povo de Deus se levante, jogue fora toda limitação de sua vida, e comece a viver uma vida sem limites!

Junto com a pergunta "O quanto Deus já nos deu?", surge outra igualmente importante, que é, "O quanto tem sido tirado de nós?" Recebemos uma herança tão incrível, mas ela tem sido roubada de muitas pessoas. E não é o diabo quem tem feito isso, mas a religião, a lei e a incredulidade. O roubo é uma injustiça total, contudo, o povo de Deus tem sido roubado, e é triste ver que eles têm aceitado isso por tanto tempo. É tempo de se levantar e reivindicar com ousadia o que é nosso por direito.

Não somos os únicos que sofremos por estarmos sendo roubados, mas o mundo que está morrendo ao nosso redor também sofre por causa disso. Eles precisam nos ver andando em tal glória, poder e autoridade que serão atraídos a Cristo.

Em Provérbios, lemos que a riqueza dos

ímpios pertence a nós:

> *O homem bom deixa sua herança para os filhos de seus filhos, mas toda a riqueza dos ímpios é acumulada para ser distribuída aos justos.* (Pv 13.22)

Por que nós, como santos, permitimos que tanta riqueza esteja nas mãos dos ímpios que a usam apenas para satisfazerem a si mesmos e, muitas vezes, com coisas tão destrutivas? Nossa saúde, riqueza, paz, alegria, vitória... têm sido roubadas.

Lembro-me claramente de um dia em meu tempo com Jesus, quando o Senhor me disse: *"Filho, se não fizer parte da Nova Aliança e da obra consumada na cruz, rejeite, não aceite isso!"* Então ele me explicou que a doença não faz parte da Nova Aliança, nem a pobreza, a derrota, a instabilidade emocional etc. Então, pulei da cadeira, fiquei de pé e gritei a plenos pulmões: "Eu rejeito tudo o que não fizer parte da Nova Aliança. Eu rejeito a pobreza, a doença..."

Da última vez que senti que uma gripe muito forte estava "querendo me pegar", pulei e disse: "Eu rejeito você! Você não faz parte da Nova Aliança". E ela foi embora imediatamente. Devemos aprender a não aceitar aquilo que não deveria estar em nossa vida.

Capítulo 6

Não há limites

Certa noite, em 2016, o Senhor me acordou e falou comigo. Ainda me lembro claramente da conversa que tivemos, como se fosse ontem:

— Eu nunca coloquei limitações na vida dos meus filhos. Eles se limitam por causa da incredulidade no coração deles.

Aquilo me pareceu tão radical que imediatamente respondi:

— Senhor, preciso que me mostre isso na Bíblia.

Então, ele simplesmente respondeu:

— Leia Marcos 9.23.

Eu li, e está escrito assim:

"Se podes?", contestou-lhe Jesus: "Tudo é possível para aquele que crê!". (Mc 9.23)

Gostaria de lhe fazer uma pergunta: Se a Bíblia é verdade e nela está escrito que tudo é possível, então, ainda existe alguma limitação? Ou nem tudo é possível ou não há mais limitações.

As pessoas não têm problema em crer que,

para Deus, tudo é possível. Contudo, Jesus está nos dizendo nesse versículo que tudo é possível para aquele que crê. Vamos sonhar juntos com uma vida sem limites!

Desde aquela noite, tenho passado inúmeras horas, dia e noite, orando, meditando e pensando nessa verdade. Se Deus não nos impõe limitações, então por que precisamos viver com qualquer limitação que seja? Ter uma vida sem limitações passou a ser um desejo intenso e profundo em minha própria vida, e a buscarei até o dia em que estiver diante de Jesus. É óbvio que Deus me escolheu para viver uma vida livre e sem limitações, então por que eu deveria viver com qualquer limitação?

Imagine a vida sem limitações financeiras. Ah, quantas coisas poderíamos realizar para o Reino de Deus!

Minha esposa e eu decidimos construir orfanatos em todo o Brasil, e quando começamos esse trabalho, havia muitas limitações naturais. Não tínhamos dinheiro nem conhecimento para construir orfanatos, não somos cidadãos brasileiros e tínhamos muitos outros fatores contra nós. Mas porque escolhemos crer que não há limites para aqueles que creem, começamos a trabalhar.

Em pouco mais de dois anos, na época em que este livro está sendo escrito, já gastamos aproximadamente um milhão de reais e compramos três casas com capacidade para 200 crianças. Mas, por favor, não pense que somos pessoas especiais ou que Deus nos deu uma unção especial para essas coisas. Simplesmente nos livramos das limitações e decidimos seguir em frente.

Para entendermos o contexto de Marcos 9.23, deixe-me contar a história toda. Jesus estava no monte da transfiguração com três de seus doze discípulos, enquanto os outros nove estavam lá embaixo, no vale, junto com o povo. Um homem desesperado levou seu filho endemoniado até os discípulos e pediu ajuda, mas eles não conseguiram expulsar o demônio por causa da incredulidade deles; estavam limitados.

Você se lembra do que o Senhor me disse naquela noite? Não é ele quem nos limita, mas a incredulidade em nosso coração. Conheço muitos cristãos preciosos, maravilhosos, que tiveram experiências de derrota e de orações não respondidas, então desenvolveram uma teologia que vai contra as Escrituras. Ouvi declarações como, "talvez a vontade de Deus não seja curar" ou "talvez a vontade de Deus não seja suprir". Em décadas de ministério, assim como em minha vida

pessoal, descobri que uma das maiores dificuldades que os cristãos enfrentam é encarar a incredulidade em seu próprio coração.

Quando aquele homem desesperado foi até Jesus, depois de ter tido experiência apenas com as limitações dos discípulos ao lidarem com o problema, ele estava se perguntando se Jesus tinha as mesmas limitações. Vamos ler o que está escrito no versículo 22:

> *Muitas vezes esse demônio o tem jogado no fogo e na água, para matá-lo. Todavia, se Tu podes fazer algo, tem compaixão de nós e, de alguma maneira, ajuda-nos!".* (Mc 9.22)

Observe o questionamento que o homem ousa fazer a Jesus. Ele não lhe pede que simplesmente cure seu filho, mas questiona o poder e a autoridade de Jesus, dizendo: "se Tu podes fazer algo". Isso mostra que ele não tinha certeza se Jesus teria controle sobre a situação.

Imagino que, se eu fosse Jesus, teria respondido algo como: "O que você quer dizer com 'se'? Você não sabe quem eu sou? Você não entende que eu sou o Filho de Deus e que não há limites para Deus?" Eu provavelmente teria dado ao homem uma lição sobre quem eu era e o que eu podia fazer. Mas é interessante ver que Jesus simplesmente respondeu à declaração do homem mostrando o outro lado dessa situação condicional. O homem disse, "se Tu podes fazer algo", e Jesus respondeu mostrando a verdadeira condição: "se você crê, pode fazer tudo".

Colocar a falta de milagres, vitória, provisão e frutificação na categoria de "talvez não seja a vontade de Deus" é totalmente antibíblico. Ah, se simplesmente acreditássemos de todo o coração que as limitações não vêm de Deus, mas de nós! Pedro andou sobre as águas, por que não podemos fazer o mesmo? Neste capítulo, quero incentivá-lo mostrando histórias de pessoas que rejeitaram as limitações.

Ouvi falar de um missionário indonésio que foi evangelizar uma tribo distante. Quando ele começou a pregar, o povo foi muito hostil ao Deus dele e tentou agarrá-lo e matá-lo. Ele correu o mais rápido que pode, mas não havia como escapar porque havia um lago logo à frente. Então, ele simplesmente continuou correndo sobre as águas até chegar ao outro lado do lago. Quando os membros da tribo viram isso, entregaram sua vida a Cristo e todo o vilarejo foi salvo.

Em 1980, Deus me enviou a um país comunista para ajudar os cristãos perseguidos. Eu estive lá inúmeras vezes e vi milagres extraordinários. Deus falou a um de meus irmãos na fé para que colocasse uma família perseguida em seu carro e a tirasse do país. Entenda que, naquela época, fazer algo assim naquele lugar era absolutamente impossível, pois todas as fronteiras eram fechadas e vigiadas por homens com metralhadoras. Nenhum cidadão tinha permissão para deixar um país comunista. Às vezes, desesperadas, algumas pessoas tentavam atravessar à noite e eram imediatamente baleadas e mortas. Mas esse meu irmão acreditava numa vida sem limitações, então, colocou as pessoas no carro e se dirigiu à fronteira. Ao chegarem lá, Deus fez com que eles ficassem invisíveis e cruzaram a fronteira sem problema algum.

Fazendo uma retrospectiva de minha própria vida, vejo claramente que, quando andei em uma fé pura e ousada, transcendi os limites que a vida natural tentou me impor.

Era final da década de 1980 e eu estava evangelizando em minha cidade, na Áustria, com um grupo de cristãos. Um casal de jovens estava sentado no chão, completamente delirante sob efeito de drogas. O rapaz era viciado em heroína havia 10 anos e a namorada dele tomava mais de 20 comprimidos de calmante por dia. Quando eu os vi, não havia nada que pudéssemos fazer naturalmente por eles, porque estavam completamente indiferentes. Então, coloquei minhas mãos sobre a cabeça deles e pedi ao Senhor que os deixasse sóbrios por um minuto para que eu pudesse falar de Seu amor para eles. Imediatamente, eles se sentaram e olharam para mim, perguntando quem eu era. Eu lhes disse quem eu era e que Deus os amava profundamente, e que eu também os amava. Resumindo a história, eles foram morar em nossa casa, foram sobrenaturalmente libertos das drogas, salvos, casaram-se e tiveram três filhos.

Um homem que conheço me contou sobre um pastor em Kuala Lumpur, que ele conheceu pessoalmente e de quem ouviu esta história em primeira mão. A igreja desse pastor era muito pequena, com apenas cerca de 20 membros, e se reunia numa casa que eles haviam alugado. Certo dia, Deus disse ao pastor: "Creia que eu

providenciarei um prédio para a igreja". Então ele decidiu crer que Deus providenciaria um prédio que havia do outro lado da rua e estava à venda, e ele queria comprá-lo. O pastor disse à congregação que, para assinar o contrato, eles precisariam de 75 mil ringuites, o equivalente a cerca de 60 mil reais (na época em que este livro está sendo escrito). As ofertas na igreja eram muito pequenas, pois a renda média dos membros era muito baixa.

Entretanto, o pastor rejeitou as limitações e simplesmente creu. No domingo seguinte, véspera do dia em que ele teria que assinar o contrato e fazer o pagamento, ao recolher as ofertas, ele disse à congregação: "Deus não mente. Esse prédio nos pertence e, hoje, teremos dinheiro suficiente nas ofertas para pagar por ele." Quando a cesta de ofertas foi passada pelo pequeno grupo de pessoas, o pastor observou com seus olhos naturais e viu que pouquíssimo dinheiro havia sido colocado nela. Contudo, ele disse: "Tragam aqui a cesta de ofertas. Vamos contar o dinheiro agora."

Quando ele colocou as mãos na cesta e tirou o dinheiro, ele simplesmente se multiplicou. Toda vez que ele tirava a mão, ainda havia mais dinheiro na cesta. No fim, ele contou 78 mil ringuites. O pastor ficou surpreso por ter 78 mil ringuites, já que eles só precisavam de 75 mil. Mas na manhã seguinte, quando eles foram assinar o contrato, ele descobriu que tinha que pagar mais 3 mil ringuites de taxas administrativas.

Certo dia, eu estava dirigindo meu carro e um irmão estava a meu lado, sentado no banco do passageiro. De repente, um carro que estava fazendo uma ultrapassagem veio em minha direção, na minha faixa. Era impossível evitar um acidente, porque nós dois estávamos em alta velocidade e não havia como desviar para a direita ou para a esquerda. Então, eu simplesmente gritei, "Jesus!", e meu carro foi trasladado para o outro lado daquele carro. O irmão que estava comigo, em estado de choque, perguntou: "O que foi isso que acabou de acontecer?" E ao virar-se para trás, viu que o outro carro agora estava atrás de nós.

Renovando nossa mente

Na carta aos Romanos, Paulo nos diz claramente que nossa mente precisa ser renovada:

E não vos amoldeis ao sistema deste mundo, mas sede transformados pela renovação das vossas mentes, para que experimenteis qual seja a boa, agradável e perfeita vontade de Deus. (Rm 12.2)

Embora eu esteja convicto de que o que pensamos é vital, creio que esse versículo tem um significado mais profundo. Ele nos diz para não nos amoldarmos a este mundo, *mas* sermos transformados pela renovação de nossa mente. O contraste entre os caminhos deste mundo e os caminhos de Deus é muito claro. Não apenas o que pensamos que é importante, mas também como pensamos. Não devemos abordar as coisas da maneira como o mundo pensa, pois ele pensa no natural, e nós devemos pensar no sobrenatural. A menos que renovemos nossa mente, nós mesmos nos limitaremos.

Odiar a incredulidade

Você se lembra de que, no início deste capítulo, eu lhe disse que Deus falou que nós mesmos nos limitamos através da incredulidade de nosso coração? A incredulidade é nossa maior inimiga, não o diabo, como muitos cristãos pensam. A Bíblia nos alerta enfaticamente contra o coração incrédulo:

Irmãos, tende muito cuidado, para que nenhum de vós mantenha um coração perverso e incrédulo, que se afaste do Deus vivo. (Hb 3.12)

Não entendo por que as pessoas dão tanta atenção ao diabo como inimigo se ele já foi derrotado na cruz.

Em Efésios, lemos:

tomando sobretudo o escudo da fé, com o qual podereis apagar todos os dardos inflamados do maligno. (Ef 6.16 – ARC)

Gostaria de enfatizar aqui a palavra "sobretudo", cujo significado denota que o que vem em seguida é mais importante do que todas as outras coisas nesse contexto da guerra espiritual. Paulo está citando todas as partes da armadura do cristão, então diz que o que devemos colocar acima de todas as outras é o escudo da fé. Com a fé nós colocamos o inimigo dentro de seus devidos limites, enquanto podemos aprender a viver uma vida sem limitações.

É muito melhor perceber e admitir que não estamos andando na fé verdadeira do que tentar nos convencer, e aos outros também, de que nós cremos. É bem comum as pessoas me dizerem que creem, mas suas ações mostram tudo, menos fé.

Quando realmente cremos, entramos no descanso de Deus e nossas circunstâncias não nos movem nem nos abalam. Nossa fé não é demonstrada pelo quanto nós dizemos que cremos, mas por como agimos em tempos de crise.

Sejamos honestos nesse aspecto e aprendamos a mudar nosso coração para alcançarmos a fé verdadeira. Discorrerei mais sobre esse assunto num capítulo à frente.

É bem verdade, e é isso que muitos cristãos que conheço fazem constantemente, que pedimos algo a Deus em oração, mas depois ficamos inquietos, correndo de um lado para outro tentando encontrar soluções para nossos problemas. Eu vivia assim. Então, hoje, quando tento ajudar meus amigos que vivem dessa maneira, normalmente eles ficam se defendendo em vez de se disporem a aprender. Eles me dizem algo do tipo: "Não posso simplesmente não fazer nada e esperar que Deus faça tudo. Preciso fazer algo também para garantir que as coisas aconteçam." Entendo o raciocínio deles, porém, não concordo. O fato de não confiarmos que Deus cuida de tudo não seria um sinal de nossa fé limitada, ou melhor, de incredulidade?

Aprendi essa lição há mais de 20 anos, quando nos mudamos para Viena e precisávamos achar um apartamento, o que era um desafio, pois se tratava de uma cidade grande e cara, e vínhamos de uma cidade pequena. O Senhor simplesmente me relembrou, através da Palavra, que eu deveria confiar que ele providenciaria o apartamento certo. Outras pessoas que se mudaram junto conosco correram de um lado para o outro exaustivamente, fazendo tudo o que podiam para encontrar um lugar para elas e suas famílias. Várias vezes, fizeram uma viagem de cinco horas, incluindo ida e volta, para procurar apartamentos que, no final, acabaram não sendo o lugar certo. Eu me recusei a fazer qualquer coisa, embora os outros ficassem rindo de minha simplicidade.

Certo dia, já próximo da data em que teríamos que nos mudar, ainda não tinha conseguido um apartamento, e fui até o supermercado em minha cidade. Lá, o Espírito Santo me disse para pegar um jornal que veiculava anúncios do país inteiro, e obedeci quando ele me guiou até determinada página e destacou um apartamento. Eu liguei e consegui o imóvel imediatamente.

Minha vida é cheia de incontáveis histórias como essa. Sem tensão, sem correria para lá e para cá, sem tentar resolver meus problemas, descansando na bondade de Deus e vivendo através da apropriação pela fé.

Capítulo 7

É nossa vez

Se Cristo, de fato, já deu tudo de que precisamos para termos uma vida vitoriosa, como podemos, então, vivê-la? Existe uma grande diferença entre ganhar algo e desfrutar do que ganhamos. Precisamos jogar fora nossa mentalidade religiosa a fim de viver plenamente na obra consumada da cruz. Quanto mais estudo a Nova Aliança, mais percebo quantos versículos nós lemos através das lentes da Velha Aliança. Deixe-me dar um exemplo simples, através de um teste que tenho feito em igrejas pelo mundo todo.

Em qualquer reunião evangélica neste mundo, posso perguntar às pessoas: "Vocês conhecem o versículo de João 10.10, onde está escrito que o ladrão vem somente para roubar, matar e destruir?" Normalmente, toda a congregação confirma que conhece esse versículo. Então, prossigo perguntando quem é o ladrão, e praticamente sem exceção, as pessoas me dizem que o ladrão é o diabo. Quando digo com muita convicção que não é o diabo, elas me olham, muito confusas. Mas no original grego fica muito claro que o ladrão não é o diabo – na verdade, ele nem é mencionado nesse contexto. Sei que você, assim como todo mundo, gostaria que eu dissesse quem é o ladrão, mas não direi. Para descobrir, você precisa fazer o que eu fiz: estudar a Bíblia com o Espírito Santo, através das lentes da Nova Aliança, até encontrar a resposta.

Deus transferiu a responsabilidade

Naquela noite, quando o Senhor me acordou e disse que ele não impõe nenhuma limitação a seus filhos, ele me ensinou muitas coisas maravilhosas. Uma das coisas que ele disse foi: *"Meus filhos passam o dia todo tentando me convencer a lhes dar as coisas, enquanto eu passo o dia todo tentando convencê-los de que eu já lhes dei tudo em Cristo".*

Por todo o Novo Testamento, vemos que Deus transfere a responsabilidade para seus filhos. Antes da Nova Aliança ser ratificada, Deus era o responsável por abençoar seu povo. Porém, com a Nova Aliança, Deus, de uma vez por todas, deu todas as suas bênçãos a seu povo. Agora, nós somos os responsáveis por pegá-las. Deixe-me dar um exemplo bíblico muito simples.

Frequentemente as pessoas me pedem para

orar por elas e impor minhas mãos sobre elas porque também querem ser usadas no ministério profético como eu. Não faço o que elas pedem, pois não as ajudaria em nada; em vez disso, com amor e paciência, eu lhes ensino a verdade. Veja o que a Bíblia claramente diz:

> *Porque todos podereis profetizar, cada um por sua vez, para que todos sejam orientados e encorajados.* (1Co 14.31)

Aqui a Bíblia nos diz que todos podem profetizar, o que significa que Deus já decidiu que você pode profetizar. Se você não é usado regularmente no dom de profecia, não busque a solução em Deus, mas dentro de você. O que você precisa fazer é simplesmente começar a desejar esse dom, como Paulo nos diz para fazer:

> *Segui o caminho do amor e exercei com zelo os dons espirituais; contudo, especialmente o dom de profecia.* (1Co 14.1)

Quando continuamos esperando que Deus faça as coisas que ele já fez ou declarou, limitamos a nós mesmos, e Deus nunca quis isso. De forma simples, através da obra consumada da cruz, Deus nos deu tudo de que precisamos para cumprir seu propósito e ter uma vida frutífera. Agora, é nossa vez de tomar posse dessas coisas pela fé. Deus não dependeu de algo que tenhamos feito para nos dar tudo; Ele fez isso através da obra consumada da cruz. O que depende de nós é tomar posse daquilo que ele já nos deu.

Aprendendo a receber

A definição bíblica de "receber" é radicalmente diferente do que as pessoas normalmente entendem. Quando prego sobre isso, gosto de chamar alguém da congregação e fazer uma demonstração. Peço que um voluntário venha à frente para que eu lhe dê R$ 100,00. Eu lhe digo que a única condição para receber é crer que eu realmente estou dando o dinheiro e que ele precisa recebê-lo. Então, peço que ele me mostre através de sua linguagem corporal que ele tem uma atitude de quem está pronto e disposto a receber. Normalmente, a pessoa fica diante de mim com um olhar de expectativa e as mãos abertas, com a palma voltada para cima. Eu pego o dinheiro, mostro e digo: "Aqui está". Não consigo me lembrar de ninguém que tenha recebido o dinheiro, porque só o que as pessoas fazem é continuar diante de mim com as mãos abertas.

Então, coloco o dinheiro de volta no meu bolso e digo: "Sinto muito, pode se sentar novamente". As pessoas me olham, intrigadas, pois acreditam que eu as enganei. Então chamo outra pessoa, coloco o dinheiro na mão dela e lhe digo: "Agora vamos inverter os papéis. É você quem está dando o dinheiro e eu vou receber". Quando ela segura o dinheiro diante de mim, eu o pego da mão dela com as duas mãos, seguro-o bem firme e não solto mais. Então lhes digo que, no idioma original do Novo Testamento, "receber" significa "agarrar com as próprias mãos", não esperar com uma atitude religiosa até que algo caia em suas mãos. O que se espera dos cristãos é que eles vivam agarrando com as duas mãos o que Deus lhes deu.

A mentalidade religiosa

Creio que amo a Deus com tanta paixão e intensidade porque ele demonstrou seu profundo amor por mim. Vivo um relacionamento simples, puro e íntimo com meu Senhor. Tenho sido mentor de filhos espirituais em várias partes do mundo, e alguns deles ficam chocados quando observam meu relacionamento com o Senhor. Honro a Deus e vivo em reverência diante dele, mas me recuso a ter um relacionamento religioso com ele, pois sei que isso não o agrada. É amentalidade religiosa que nos ensina que é a aparência exterior com a qual nos dirigimos a Deus que importa, quando, na verdade, é a atitude de nosso coração.

Desde criança, aprecio muito um versículo em especial, que se encontra no livro de Hebreus:

> *Concluindo, tendo em vista que temos um grande sumo sacerdote que foi capaz de adentrar os céus, Jesus, o Filho de Deus, mantenhamos com firmeza nossa declaração pública de fé. Pois não temos um sumo sacerdote que não seja capaz de compadecer-se das nossas fraquezas, mas temos o Sacerdote Supremo que, à nossa semelhança, foi tentado de todas as formas, porém sem pecado algum. Portanto, acheguemo-nos com toda a confiança ao trono da graça, para que recebamos misericórdia e encontremos o poder que nos socorre no momento da necessidade.* (Hb 4.14-16)

A Bíblia nos diz que precisamos nos achegar a Deus com ousadia. Infelizmente, algumas versões bíblicas em português, dizem "confiadamente" ou "com toda a confiança", cujo significado não é tão forte. O idioma original expressa algo mais forte do que confiança apenas. Expressa uma confiança plena, sem traço algum de medo. A religião sempre nos diz que precisamos nos achegar a Deus com uma atitude de piedade. Contudo, na verdade, Deus quer que cheguemos diante do trono dele com tal ousadia que nossa atitude será a de destemidamente agarrar tudo pelo que Cristo já pagou. Creio que essa seja a atitude que agrada o Pai.

Devemos parar de esperar que Deus continuamente nos dê coisas que ele claramente disse que já nos deu. Devemos aprender a, como eu mostrei através do exemplo do que é receber, agarrar essas coisas e viver desfrutando da liberdade de Cristo.

Lembro-me de quando nossos filhos tinham cerca de 2 e 4 anos e Deus me disse para deixar meu emprego e me concentrar totalmente na plantação de igrejas na Áustria. Estávamos começando nossa terceira plantação de igreja e as duas primeiras que tínhamos plantado ainda eram pequenas e não conseguiam me pagar um salário. Já havíamos alugado prédios para as duas igrejas eestávamos trabalhando incansavelmente para evangelizar as pessoas. Eu trabalhava num emprego secular, normalmente cerca de 60 horas semanais, e dedicava muitas horas mais às igrejas durante a semana. Quando a demanda da obra do Senhor cresceu, Deus primeiro falou com Debi e depois comigo que era hora de abrir mão do emprego e confiar que Ele nos supriria.

Os dois anos seguintes foram anos maravilhosos em que tivemos que depender totalmente do Senhor para nos suprir, e incontáveis milagres de provisão aconteceram constantemente. Houve um período em que tínhamos dois ex-dependentes químicos morando com nossa família e, certa manhã, quando me levantei, os novos membros da família estavam de pé em nossa sala e me disseram: "Reinhard, você nos disse que podíamos morar com vocês e vocês cuidariam de nós, mas a geladeira está vazia e não tem comida em casa".

Lembre-se de que eu mencionei que Debi e eu nos recusamos a fazer dívida. Nosso dinheiro havia acabado, então, não podíamos comprar mantimentos. Reuni o casal, minha esposa e meus dois filhos, demos as mãos e, ali na sala, eu disse algo mais ou menos assim: "Pai, eu agradeço porque Sua Palavra deixa claro que o senhor prometeu sempre suprir seus filhos. Estamos com fome e necessitamos de comida. Agradecemos ao senhor pelo café da manhã, crendo que ele já é nosso." Enquanto eu falava, ouvi o barulho da porta de um carro fechando lá fora. Rapidamente disse "Amém", soltei as mãos e desci as escadas correndo até lá fora. Não havia mais carro algum, apenas uma caixa bem grande, completamente cheia de mantimentos.

É assim que temos acesso ao que já nos foi dado: simplesmente agradecemos a Deus pelo que já é nosso em absoluta certeza de fé.

Uma parte importante da caminhada sem limitações é ter nossa identidade firmemente estabelecida em Cristo. Na história do filho pródigo, bem conhecida da maioria dos cristãos, vemos três mentalidades. Normalmente, cada um relaciona Deus a uma dessas três mentalidades, mas somente a mentalidade certa nos garantirá que verdadeiramente conseguiremos, com ousadia, ter acesso ao que já nos pertence. A primeira mentalidade era a de servo, que podemos ver claramente no irmão mais velho. Quando o irmão mais novo chegou em casa, depois de desperdiçar toda a herança do pai, e este deu uma grande festa e devolveu tudo ao filho, o irmão mais velho se recusou a participar da festa. O motivo pelo qual ele ficou tão contrariado foi por ter uma mentalidade de servo, como vemos nesta passagem:

> *Porém ele replicou ao pai: 'Há tantos anos tenho trabalhado como um escravo para ti sem nunca ter desobedecido a uma só ordem tua. Contudo, tu nunca me ofereceste nem ao menos um cabrito para que pudesse festejar com meus amigos.* (Lc 15.29)

De forma alguma isso era verdade, pois o pai lhe disse que ele poderia ter recebido tudo o que lhe pertencia quando quisesse, mas ele se via como servo, não como filho. Se você se vê como servo de Deus, não como filho/filha amado/amada, sempre passará necessidade, porque não receberá o que lhe pertence.

A segunda mentalidade é a de órfão. Quando voltou para casa, o filho mais novo expressou claramente uma mentalidade de órfão, como vemos neste trecho:

> *Então, o filho lhe declarou: 'Pai, pequei contra o céu e contra ti. Não sou mais digno de ser chamado teu filho!'.* (Lc 15.21)

Ele já não se considerava digno de ser filho. O que eu amo nesta história é que o pai ignorou o que ele disse e, como resposta, simplesmente o cobriu de amor.

A terceira mentalidade é a de filho. Finalmente, o filho aceitou a restauração completa e pôde morar na casa do pai como filho. Quando visito meus pais na Áustria, mesmo depois de muito tempo sem vê-los, entro na cozinha, abro a geladeira e me sirvo. Eu sou filho! Somente filhos recebem sua herança com ousadia.

Capítulo 8

Apropriação pela fé

A base do cristianismo é a fé, pela qual lutou o grande reformador Martinho Lutero. A Bíblia diz que sem fé é impossível agradar a Deus (veja Hb 11.6). Se eu estivesse numa situação em que precisasse da intercessão de outras pessoas para salvar minha vida e tivesse que escolher entre mil pessoas orando intensamente durante a noite toda na esperança de que Deus me salvasse ou uma pessoa cheia de fé orando por um minuto, eu escolheria esta última. Com o passar do tempo, eu me dei conta de que oração sem fé é absolutamente inútil e não passa de uma atividade religiosa.

Em minha caminhada com Jesus, que começou quando eu tinha 7 anos, já desperdicei orações demais fazendo-as com esperança, não com fé. Esse tipo de oração cansa nosso coração e frustra nossa vida cristã, e no fim, torna-se uma rotina religiosa. Quando dia após dia, semana após semana, mês após mês e às vezes ano após ano fazemos as mesmas orações sem ver a resposta, nosso coração se fecha. Aprendi que podemos enganar muitas pessoas, até nós mesmos, mas não podemos enganar nosso coração.

Ouvi uma história sobre uma longa seca que houve numa parte dos Estados Unidos, na qual os fazendeiros sofreram terrivelmente. Certo dia, o pastor da igreja disse à congregação: "Hoje à noite, quando nos reunirmos, vamos todos orar em concordância para que Deus mande chuva". Porém, naquela noite, apenas uma garotinha foi à reunião levando um guarda-chuva. Infelizmente, a oração de muitos cristãos é assim, sem fé e, portanto, morta. Eles ficam mais surpresos quando Deus responde suas orações do que quando não responde.

Se estudarmos os evangelhos, veremos que a maior frustração na vida de Jesus em relação a seus discípulos não eram suas muitas falhas de caráter ou sua imaturidade, mas a incredulidade do coração deles. Em minha opinião, uma das declarações mais tristes nos evangelhos é quando Mateus nos diz que o próprio Jesus não pôde fazer muitos milagres por causa da incredulidade das pessoas (veja Mt 13.58). Imagine só: Jesus andou por aí curando os doentes e até ressuscitou mortos, e mesmo assim a incredulidade deles limitou Seu poder.

Naquela noite, quando o Senhor me acordou e me ensinou tantas coisas importantes, ele disse algo mais, de que também trato no livro *Nova Aliança*. Deus me disse que uma das maiores tristezas em seu coração é a falta de apropriação pela fé na vida de seus filhos, o que me pegou de surpresa porque eu não entendia o que isso significava.

O Senhor e eu tivemos uma conversa bem comprida naquela noite, depois da qual eu não consegui mais dormir, então passei o resto da noite meditando e orando.

O que parecia muito importante para o Senhor era a definição que ele me deu de apropriação pela fé: parar de lhe pedir coisas que

ele já tinha dado e, em vez disso, simplesmente agradecê-lo por elas, declará-las em fé e começar a agir de acordo.

Essa é uma mudança muito difícil para nossa mente e nosso coração, não por causa de qualquer coisa relacionada a Deus ou à Bíblia, mas porque a religião se infiltrou demais na fé cristã. Mudanças sempre são difíceis, principalmente quando confrontam hábitos bem estabelecidos que mantivemos por gerações. Mas estou profundamente convicto de que a falta de apropriação pela fé é um desacato à cruz.

Fazendo a mudança

Na Nova Aliança, tudo mudou. Na abordagem da Velha Aliança, Deus fazia algo em reposta a nossa fé, enquanto, na Nova Aliança, nossa fé é uma resposta ao que Deus já fez através da obra consumada da cruz. A salvação é exatamente assim, pois Jesus já morreu pelo mundo inteiro. Deus não espera as pessoas crerem no sacrifício da cruz para depois responder do céu e salvá-las. Ele já providenciou gratuitamente que todo ser humano receba a salvação. Aqueles que responderem em fé ao que ele já fez serão salvos.

Funciona mais ou menos assim: na Velha Aliança, pedimos a Deus que nos dê um cheque de um milhão de reais, enquanto, na Nova Aliança, ele já nos deu um cheque em branco através do sacrifício de Cristo, assinado pelo sangue de Jesus. Isso significa que não temos que pedir outro cheque a Deus, mas, sim, levar o cheque ao banco do céu e descontá-lo, agradecendo por ele, apropriando-nos dele e permanecendo firmes na fé de que ele é nosso. Isso é apropriação pela fé. Nossa fé simplesmente se torna uma resposta ao que Deus já fez.

Olhando para a obra consumada de Cristo, façamos uma pergunta simples: "Jesus pagou por nossa cura?" É muito importante estabelecermos isso em nosso coração. Pelo que entendo, está claro que a resposta é "Sim". Então, na prática, como usamos a apropriação pela fé para receber nossa cura?

Por mais radical que pareça, devemos parar de pedir a Deus que nos cure. Muitas pessoas vêm a mim para que eu ore por cura física. Porém, quando os sintomas não desaparecem imediatamente e a cura não se manifesta naquele momento, elas continuam correndo por aí pedindo o máximo de orações que conseguem.

Essa era uma das coisas que frustravam tremendamente Smith Wigglesworth, um de meus heróis da fé. Quando as pessoas voltavam pedindo oração depois de ele já ter orado por elas uma vez, ele se recusava a orar novamente. Ele tinha certeza de que aquilo era um sinal de incredulidade e que, com tal incredulidade, um milagre não aconteceria.

Quero que você entenda que ele não foi um pregador comum, mas um homem que ressuscitou mortos, e muitas pessoas foram curadas simplesmente por ele passar por elas.

Então, o que precisamos para receber nossa cura se não devemos pedir a Deus que nos cure? Como a cura já nos pertence, devemos crer e reivindicá-la pela fé.

O significado da palavra original traduzida por "salvação" inclui cura, o que fica claro através de um estudo do Novo Testamento. Portanto, se você pregasse o evangelho para alguém hoje e, pela fé, ele aceitasse Cristo como seu Salvador, o que você acharia se ele voltasse todos os dias e lhe pedisse que orasse novamente para que ele fosse salvo? Certamente você não oraria por ele de novo, mas lhe explicaria que, independentemente de como se sentisse, ele certamente estava salvo.

Sendo assim, por que tratamos todas as outras provisões de Deus que estão inclusas no pacote da salvação de forma tão diferente da própria salvação do pecado? Devemos simplesmente crer, depois agradecê-lo por isso, declarar que é verdade e agir de acordo com ela. Isso quer dizer que devemos mudar nossa confissão e declarar "Estou curado" em vez de "Estou doente".

Muitas pessoas já me perguntaram se viver pela fé significa que elas não podem tomar nenhum remédio ou ir ao médico. Agradeço a Deus pelos médicos, embora eu não seja muito amigo dos remédios porque, geralmente, o bem que eles fazem é menor do que os efeitos colaterais que provocam, mas essa é apenas minha opinião pessoal. Eu tanto já fui a médicos quanto já tomei remédios. O que devemos ter é a firme convicção em nosso coração que Deus não quer que soframos com enfermidades; ao contrário, ele quer que sejamos saudáveis.

Acho hipocrisia quando as pessoas dizem que, às vezes, Deus quer que Seus filhos fiquem doentes, mas quando isso acontece, buscam ajuda médica. Se realmente for a vontade de Deus que elas fiquem doentes, então que sofram com um sorriso no rosto e gratidão no coração, em vez de tentarem impedir a "vontade de Deus" em sua vida.

Portanto, use os meios que achar melhor para ficar saudável e manter sua saúde, mas deseje e busque a cura divina através da apropriação pela fé. Não permita que seu coração o condene.

Mude o foco

Ficar implorando constantemente a Deus para que ele nos dê algo coloca o foco no problema em vez de colocá-lo na solução, que é o que Deus quer. Todas as promessas de Deus já nos pertencem, como ele nos disse claramente em 2 Coríntios 1.20. Elas são cheques em branco que precisamos descontar com ousadia.

> *Pois, tantas quantas forem as promessas de Deus, todas têm em Cristo o "sim". Por isso, por intermédio dele, o "Amém" é proclamado por nós para a glória de Deus.* (2Co 1.20)

Quantas vezes, em nossa vida de oração, ficamos tão focados nas situações difíceis que não colocamos nosso foco na vitória de Cristo? Creio que focar nos problemas destrói a fé. Oramos para que nossa doença vá embora em vez de declarar que somos curados. Oramos por ajuda para vencer o pecado em vez de declarar que somos justos e estamos mortos para o pecado. Oramos para que nossas necessidades materiais sejam supridas ou acabem em vez de declarar que somos ricos e abençoados.

É assim que minha esposa e eu temos construído e continuaremos construindo orfanatos nesta terra. Se toda vez que houvesse uma necessidade financeira em um dos lares para crianças, eu chegasse diante de Deus implorando, focando na necessidade, isso não incentivaria em nada minha fé. Eu agradeço a Ele por sua bondade e provisão, digo que somos abençoados, que recebemos muito mais do que precisamos e o dinheiro sempre aparece em nossa conta.

Agindo à maneira de Deus

Tomemos novamente o exemplo de como fomos salvos, já que ele foi o início de nossa vida cristã. Analisando a carta aos Romanos, vemos um padrão muito claro:

> *Mas o que ela diz? "A palavra está bem próxima de ti, na tua boca e no teu coração", ou seja, a palavra da fé que estamos pregando: Se, com tua boca, confessares que Jesus é Senhor, e creres em teu coração que Deus o ressuscitou dentre os mortos, serás salvo! Porque com o coração se crê para a justiça, e com a boca se faz confissão para a salvação. Conforme diz a Escritura: "Todo o que nele crê jamais será decepcionado".* (Rm 10.8-11)

Aqui vemos o seguinte padrão: primeiramente, a palavra está perto, não longe de nós, não no céu com Deus (versículo 8); em segundo lugar, confessamos com nossa boca (versículo 9); em terceiro lugar, cremos no coração (versículo 9). O que eu amo no evangelho é que ele é tão simples que qualquer criança consegue entendê-lo. Então, temos que perguntar: De onde tiramos a ideia de que devemos pedir que Deus nos salve? Deus nos deu nossa salvação muito antes de a recebermos pela fé. Ela sempre esteve lá, acessível para que a recebêssemos. Como a salvação engloba saúde, prosperidade, proteção e muitas outras coisas, o mesmo padrão descrito no início deste parágrafo aplica-se a elas.

A religião nos ensinou que, quando temos um problema ou necessidade, precisamos pedir que Deus o solucione. Mas, na verdade, cristãos não têm problemas, apenas oportunidades de praticar a apropriação pela fé. O grande perigo dessa atitude de pedir a Deus algo que ele já nos deu é o seguinte: oramos e, quando nada acontece, oramos com mais encargo e intensidade. Se ainda assim nada acontece, começamos a jejuar, tentando o tempo todo convencer Deus a fazer algo. Quando as orações não são respondidas, simplesmente tocamos nossa vida, e a oração se torna uma atividade religiosa. Nesse meio tempo, nosso coração se decepciona porque tudo o que temos feito não passa de praticar religião tentando receber uma resposta baseada em nosso esforço de oração, e isso é sempre infrutífero e até prejudicial.

Eu prefiro muito mais desfrutar da doce presença e da comunhão com Jesus em meu tempo de oração do que me esforçar tanto tentando convencê-lo a me dar o que eu quero. Creio que essas orações religiosas chegam a ser pecado, pois em Romanos, lemos:

Todavia, aquele que tem dúvida é condenado se comer, pois não come com fé; e tudo o que não provém da fé é pecado! (Rm 14.23)

Tudo o que não é pela fé é pecado. Então, orações sem fé se encaixam nessa categoria.

Imagino que haja milhares de perguntas girando em sua mente neste exato momento, mas deixe-me contar uma história verdadeira que ilustra a apropriação pela fé.

Em 1985, comecei a plantar igrejas na Áustria e senti a direção de fazer um jejum de 30 dias só tomando água. Eu decidi não beber nada além de água, nem mesmo suco.

Para começo de conversa, eu já estava bem magro, e era realmente um passo de fé jejuar tanto tempo. No 21º dia, eu estava com uma dor tão intensa que beirava o insuportável. Eu tinha perdido muito peso e estava só pele e osso. Clamei a Deus para que ele me fortalecesse a fim de continuar meu jejum, mas minhas orações não foram respondidas. Eu rolava no chão de tanta dor, e achei que morreria se não parasse o jejum.

Então Deus falou claramente comigo, citando diretamente Efésios 6.10: "Pare de me pedir forças, levante-se e fortaleça-se no Senhor e na força do seu poder". Naquele momento, tive que escolher entre permanecer no chão agonizando, esperando que a força do Senhor viesse, ou viver através da apropriação pela fé. Com muita fraqueza e dor, eu me levantei e declarei pela fé: "Eu sou forte no Senhor e na força do seu poder". Imediatamente, senti uma onda do poder de Deus atravessar meu corpo, a dor se foi e, sem problema algum, continuei meu jejum até o final.

Infelizmente, a maioria dos cristãos quer ver os resultados primeiro, antes de crer, mas isso não é fé.

Mas e o que está escrito em Mateus sobre pedir, buscar, bater e todos os outros conceitos que aprendemos em nossa vida cristã? Não se preocupe, seja paciente. Eu responderei a isso nos próximos capítulos.

Capítulo 9

Como orar

Os próximos capítulos provavelmente mexerão com sua cabeça, o que eu entendo plenamente, porque foi exatamente o que aconteceu comigo quando Deus começou a me ensinar essas verdades. Só peço a você que abra sua mente e seu coração para aprender os caminhos do Senhor. Peça ao Espírito de Deus que está dentro de você para lhe ensinar. Oro para que você não enxergue minhas palavras neste livro, mas as do Senhor, pois são elas que verdadeiramente mudarão sua vida.

Aqueles que se dispuseram a fazer essa mudança radical em sua vida de oração têm experimentado bênçãos incríveis. Quase todos com quem falei pessoalmente passaram por dificuldades no início desse aprendizado por causa dos hábitos errados estabelecidos na maior parte de sua vida cristã. Contudo, depois que fizeram a mudança, experimentaram uma nova liberdade em todas as áreas de sua vida.

A oração é um mistério maravilhoso. É um convite de Deus para cooperarmos com ele, o que considero um dos maiores privilégios que Deus dá a seus filhos. Diz-se que onde não há uma vida de oração eficaz, o coração da vida cristã para de bater e se torna um cadáver de cerimônias, costumes e doutrinas.

Em minha experiência de quase 50 anos de caminhada com Jesus, descobri que não funciono bem sem uma vida de oração sólida e constante. A frutificação em minha vida é diretamente proporcional aos frutos em minha vida de oração. Quando faço uma afirmação como essa, muitas pessoas imaginam que eu esteja falando de passar horas por dia *falando* com Deus. Contudo, como você verá neste e nos próximos capítulos, não tem absolutamente nada a ver com isso.

A Bíblia fala muito sobre oração, mas, infelizmente, a maior parte dos cristãos não a compreende bem. Quando falamos sobre oração, normalmente pensamos em nos achegarmos a Deus e lhe contar sobre os problemas, pedindo a ele que os resolva. Muitos cristãos evangélicos desenvolveram uma vida de oração frustrante, que se tornou mais um dever do que uma alegria.

No início de minha vida cristã, eu também

orava baseado nos princípios e conceitos da Velha Aliança, contudo, o tempo todo, meu coração ansiava por uma liberdade diferente. Eu sabia que a oração deveria ter um significado mais profundo do que o que eu estava experimentando.

Fui criado na igreja, literalmente, pois minha casa era colada ao prédio da igreja. Então, certo dia, aos 7 anos de idade, fugi da cama e, de pijamas, desci as escadas até o salão da igreja, onde estava acontecendo uma reunião de oração durante a noite toda. Foi naquela noite que entreguei minha vida a Jesus e, desde muito cedo, aprendi que a oração deve fazer parte de minha vida. Eu era profundamente apaixonado por Jesus, mas fiquei muito frustrado por causa de tantas orações não respondidas.

Quando cresci, minha fome de passar tempo em oração permaneceu. Em 1982, decidi que passaria todas as noites de sexta-feira até a manhã de sábado em oração. Tenho certeza de que Deus viu meu coração e compreendeu meus muitos conceitos errados em relação à oração, e sou profundamente grato ao Espírito Santo por me ensinar uma maneira diferente de orar e por me levar a águas mais profundas. A oração é uma liberdade, não um dever.

A Bíblia cita 650 orações e aproximadamente 450 respostas de oração. Há 25 menções de Jesus orando. Paulo menciona a oração 41 vezes. Há ao menos cinco posições de oração registradas – sentado, de pé, de joelhos, prostrado e orando com as mãos levantadas – e podemos escolher a que preferirmos. Há registros de nove tipos diferentes de oração, e muitas vezes eles têm sido misturados ou confundidos, ou abordados com uma mentalidade da Velha Aliança.

Em nossa caminhada com Jesus, devemos aprender a andar na Nova Aliança de todo o coração, sem qualquer mistura da Velha Aliança ou do que for. De forma bem simples, a diferença entre as duas alianças é a maneira como Deus se relaciona conosco. Na Velha Aliança, ele se relaciona conosco através da obediência à lei, enquanto, na Nova Aliança, ele só se relaciona conosco através de Cristo Jesus. A oração pode se tornar uma obra da lei como qualquer outra coisa.

Devemos sempre nos lembrar de que não há negociação com Deus. A oração não deve ser usada para tentar fazer uma troca com Deus, por exemplo: "Eu lhe dou minha oração e o Senhor me dá o que eu estou pedindo". A única troca na vida cristã aconteceu na cruz e foi paga pelo próprio Jesus. Em Mateus 6, Jesus nos mostrou que a ênfase não está em nossas orações, mas em um Pai no céu que ama responder nossas orações.

Recentemente, fiz uma declaração na igreja que chocou toda a congregação, até ouvirem minha explicação. Eu simplesmente disse que creio que não há poder na oração. Então expliquei que os budistas oram, mas suas orações não são respondidas; os hindus oram, mas a vida deles continua inalterada; várias religiões oram para deuses diferentes, de formas diferentes, contudo, não há reposta. Portanto, o poder não está em nossas orações ou em nós, mas em um Pai cuidadoso que está no céu e deseja profundamente responder as orações de seus filhos. Creio que precisamos reaprender a orar e mudar o foco, colocando-o em Deus, não em nós.

O problema na igreja em geral não é tanto a falta de oração, mas a ausência da verdadeira apropriação pela fé. Quando temos uma necessidade, ficamos orando, isto é, pedindo a Deus para nos dar o que precisamos, mas ao final de nosso tempo de oração, não saímos totalmente convencidos de que o que pedimos agora é nosso. Então, ficamos repetindo os mesmos pedidos de oração, como se precisássemos convencer Deus a nos suprir. Nossa falta de fé e de acreditar na bondade dele é um dos maiores impedimentos em nossa vida de oração.

Muitas das palavras usadas na Bíblia são as mesmas tanto na Nova quanto na Velha Aliança. A diferença não é o vocabulário em si, mas o processo e a aplicação é que, de fato, são radicalmente diferentes. Por exemplo, "justificação", "santificação" e "oração" são palavras encontradas em ambos os testamentos e são aplicáveis tanto à Velha quanto à Nova Aliança. Começamos a entender a diferença no processo e na aplicação da justificação e da santificação sob a Nova Aliança, mas quando se trata de oração, as pessoas parecem estar paradas na Velha Aliança.

Em outras palavras, sob a Velha Aliança, ser justo significava ser correto e aceito diante de Deus – exatamente o mesmo significado do termo na Nova Aliança. A diferença está em como alcançamos a justificação, isto é, no processo. Na

Nova Aliança, a justificação nos é oferecida como um dom gratuito através de Jesus, e, se for aceita, será imputada a nós. O mesmo vale para a santificação, que significa ser santo e separado para Deus. Na Velha Aliança, a santificação era algo que nós tínhamos que fazer. Na Nova Aliança, ela nos é oferecida como um presente.

No que se refere à oração, a igreja em geral parece não ter feito a mudança. Perdi a conta de quantas reuniões de oração nas quais estive as pessoas usaram o texto de 2 Crônicas como motivação para orar:

> *e se esse meu povo, que se chama pelo meu Nome, se humilhar, orar e buscar a minha face, e se afastar dos seus maus caminhos, dos céus o ouvirei, perdoarei o seu pecado e seus erros e curarei a sua terra.* (2Cr 7.14)

Talvez você se pergunte o que há de errado em usar esse versículo bíblico numa reunião de oração debaixo da Nova Aliança. Embora não haja nada errado em incentivar e motivar os cristãos a orarem por sua nação ou cidade, há algo muito errado em usar esse versículo para isso, porque ele mostra um método de orar da Velha Aliança, que depende de nossas obras e de nossa própria justiça. Vejamos o contexto no versículo 13:

Se eu fechar o céu para que não derrame a chuva, ou ainda se ordenar aos gafanhotos que devorem a terra, ou mesmo enviar a praga sobre a minha própria gente; (2Cr 7.13)

Para entendermos esse versículo, é importante sabermos o que acontecia sob a Velha Aliança. Quando o povo de Deus pecava, sua punição vinha sobre eles por terem desobedecido a lei. E essa punição incluía maldições como pestilência, seca ou insetos que destruíam suas plantações. Contudo, na Nova Aliança, Deus colocou sobre Jesus Cristo a punição pelos pecados do mundo inteiro. Isso se chama graça, que é maravilhosa demais para que a compreendamos em toda a sua profundidade.

Não há nação alguma no mundo hoje que seja amaldiçoada por Deus por causa de seus pecados e maldade. Muitas nações parecem ser, mas isso não tem nada a ver com Deus. As pessoas estão destruindo a si mesmas e suas nações por causa de sua própria maldade, egoísmo e ganância.

Sob a Velha Aliança, quando o povo de Deus sofria essas punições dolorosas, não bastava que eles orassem; eles tinham que, como lemos no versículo 14, se humilhar e se converter de seus maus caminhos. Eles tinham que, primeiro, se afastar de seu pecado e abandoná-lo para que Deus então pudesse responder suas orações.

Na Nova Aliança, todos os que estão em Cristo permanecem diante de Deus totalmente puros e justificados, e, portanto, têm o direito de ter suas orações respondidas independentemente de suas obras. Você consegue ver a importância de aprendermos a orar de acordo com a Nova Aliança?

Como o Novo Testamento fala sobre oração, mas não nos dá uma definição clara de como ela deve ser feita e o que realmente significa, a maioria dos cristãos automaticamente usou o que aprendeu sobre oração no Antigo Testamento. Creio que estes próximos capítulos podem transformar radicalmente sua vida de oração, fazendo com que deixe de ser uma obrigação difícil e se torne uma experiência cheia de alegria. Para alcançar esse objetivo, é importante distinguir os vários tipos de oração, mas, propositalmente, neste livro tratarei apenas dos dois tipos de oração que considero serem os mais importantes e comuns entre os cristãos. O primeiro é a intercessão, e o segundo é nosso tempo de oração pessoal e particular, que deve acontecer no quarto, como Jesus nos ensinou.

Já tive experiências maravilhosas em minha caminhada de oração pessoal com Deus. É muito importante que aprendamos o verdadeiro mistério da oração da Nova Aliança, pois a maneira como muitos cristãos oram limita muito a vida deles. Deus é maravilhoso, e ele deseja que seus filhos orem por causa do relacionamento, não por obrigação. Precisamos aprender a ouvir o que ele diz em nossas orações, não apenas tentar convencê-lo a nos dar as coisas.

Debi e eu nos casamos em 1986, e, no início, tínhamos um casamento muito difícil. Ela se mudou dos Estados Unidos para a Áustria apenas poucas semanas antes de nos casarmos, não falava o idioma de seu novo país, estava acostumada somente ao clima quente e teve que enfrentar uma temperatura de 27 graus negativos em seu primeiro inverno lá. E ainda por cima eu não era um marido bom e atencioso. Como meu casamento era tudo, menos feliz, e em minha arrogância eu a culpava por isso, comecei a orar para que Deus a mudasse. Logo que comecei a orar, o Senhor me disse: "Por que você está preocupado com a mudança dela? Você deveria se preocupar com a sua e me pedir para fazer de você o marido que eu quero que você seja para ela, refletindo a mim em sua vida." Isso só mostra o quanto é fácil orarmos da maneira errada.

Capítulo 10

Duas orações importantes

A primeira oração importante da qual precisamos tratar é a oração de intercessão. Interceder significa simplesmente intervir em favor de alguém. Pode ser por uma pessoa, uma situação, uma cidade, uma nação etc. Na intercessão, chegamos diante do trono de Deus em nome ou em favor de outros a fim de vermos uma intervenção divina em relação àquilo pelo qual estamos intercedendo.

Creio que se o Espírito deve conduzir nossa vida, isso também inclui nossa vida de oração. Devemos aprender a cooperar em unidade com o Espírito Santo que é o maior intercessor. A intercessão não deve ser usada para tentar manipular Deus ou as pessoas para que possamos ter o que queremos. Considero toda manipulação como feitiçaria, portanto, é uma abominação diante de Deus.

Como na Nova Aliança tudo começa com a obra consumada da cruz, a intercessão também deve ser assim. É Deus quem a inicia e nós respondemos. Devemos decidir render nosso corpo como sacrifício vivo em oração diante de Deus, e jamais nos esquecermos de que é o Espírito que nos conduz em oração. Em Romanos lemos que o Espírito Santo intercede por nós:

> *Do mesmo modo, o Espírito nos auxilia em nossa fraqueza; porque não sabemos como orar, no entanto, o próprio Espírito intercede por nós com gemidos impossíveis de serem expressos por meio de palavras.* (Rm 8.26)

Já que o Espírito está intercedendo por todos os cristãos com orações que não podem ser expressas em palavras, você não acha que seria uma boa ideia nos juntarmos a ele? Isso significa que precisamos aprender a ser sensíveis a ele e seguir sua direção sobre como interceder.

Muitas vezes, seguindo a direção do Espírito, ele me levou a interceder exatamente como está descrito nesse versículo de Romanos 8. Eu não tinha palavras para expressar minhas orações e o encargo em meu coração. Eu sabia por quem eu estava orando enquanto gemidos profundos vinham do meu Espírito e saíam de minha boca. Às vezes eu ficava no chão e não conseguia me levantar porque os gemidos eram tão fortes, com um encargo tão profundo em meu espírito que minha barriga doía. Os resultados dessas orações eram impressionantes! Aliás, de onde tiramos a ideia de que a única maneira de expressar orações é através das palavras?

Considero vital que os cristãos compreendam e aprendam que orar não é fazer Deus se curvar a nossa vontade, mas fazer com que nossa vontade esteja em total conformidade com a vontade de Deus para que a vontade dele seja feita em e através de nós. É por isso que a intercessão em cooperação e alinhamento com o Espírito Santo é tão importante.

Vou mostrar aqui algumas de minhas experiências pessoais, mas de forma alguma faço isso para me vangloriar, já que a Bíblia nos adverte sobre isso. Quero simplesmente que você seja encorajado, desafiado e aprenda com elas.

Em 1995, quando eu estava plantando igrejas na Áustria, senti um forte encargo em meu coração de, todos os meses, ir para uma cabana isolada nas montanhas para jejuar e orar durante três dias junto com três amigos meus. O propósito era muito claro e nós permanecemos rigorosamente focados nele: intercederíamos apenas por nossa nação.

Gostaria que você entendesse que a Áustria era considerada um dos países mais difíceis da Europa para ser alcançado pelo evangelho. Todas as igrejas no país inteiro eram bem pequenas, com exceção de uma que considerávamos uma "megaigreja", pois tinha 200 membros. Havia grandes áreas sem um só cristão, e até cidades inteiras onde ninguém conhecia Cristo.

Passamos anos naquela montanha intercedendo pela Áustria ao mesmo tempo em que pregávamos o evangelho e plantávamos igrejas em várias partes do país. Anos depois, quando eu estava pregando em outra igreja, uma senhora quis conversar comigo. Ela queria saber se era verdade o que tinha ouvido, que eu sempre orava no alto de determinada montanha. Eu lhe disse que era verdade.

No pé daquela montanha, havia um vilarejo muito católico, mas sem nenhum cristão evangélico. Ela queria saber em que período estivemos orando lá. Quando eu lhe disse, seu rosto se iluminou e ela disse: "Você sabe que durante aquela época, 36 pessoas foram salvas sem que ninguém tivesse ido até lá pregar o evangelho?

Eu fui uma dessas pessoas. Comecei a ler a Bíblia, o Senhor falou comigo através dela e eu entreguei minha vida a Jesus. Entrei em contato com as outras pessoas que foram salvas, começamos uma célula e hoje existe uma igreja lá."

Outra experiência que tive com intercessão foi quando eu estava passando férias em determinado país e, na mesma época, as eleições em outra nação estavam bem próximas. Eu não gosto de seguir o noticiário por duas razões: a primeira é porque prefiro boas notícias a más notícias; a segunda é porque gosto de obter informações no céu, não na terra. O país que estava em período eleitoral passava por um momento crucial de sua história, e dois candidatos a presidente estavam praticamente empatados. Como descobri mais tarde, as pesquisas apontavam vantagem de um candidato que teria sido muito prejudicial àquele país.

Durante as férias, numa noite em particular, Deus me acordou e me levou aos lugares celestiais acima da nação onde as eleições estavam prestes a acontecer. Quando eu estava acima daquela nação e das potestades espirituais, vi uma guerra demoníaca terrível e acirrada acontecendo sobre ela. Então

Deus me disse: "Interceda, filho, porque esta nação está correndo grande perigo". Fiquei em intensa intercessão por várias horas, até que o Senhor me disse: "A vitória já foi conquistada. Você pode voltar." E me encontrei de volta em meu quarto, onde passávamos as férias.

Escrevi essa experiência em meu diário de oração a fim de ter um registro preciso após as eleições, que aconteceram apenas algumas semanas depois. Para surpresa de muitos, inclusive de muitas nações e líderes políticos mundiais, a pessoa com maior probabilidade de perder venceu as eleições.

Embora eu ame quando posso interceder, devemos sempre nos lembrar de que não é nossa intensidade que traz o céu à terra, mas nossa fé ao orarmos. É quando aprendemos a cooperar com o Espírito de Deus em intercessão que removemos as limitações que tão frequentemente enfrentamos.

Somos chamados a interceder

A Bíblia traz instruções claras de que todos os cristãos devem interceder. Em 1 Timóteo, Paulo nos diz:

> *Antes de tudo, recomendo que se façam súplicas, orações, intercessões e ações de graças, em favor de todas as pessoas; pelos reis e por todos os que exercem autoridade, para que tenhamos uma vida tranquila e pacífica, com toda a piedade e dignidade. Isto é bom e agradável diante de Deus, nosso Salvador, o qual deseja que todas as pessoas sejam salvas e cheguem ao pleno conhecimento da verdade.* (1Tm 2.1-4)

Essa passagem bíblica está dizendo que, antes de tudo, precisamos interceder por nosso governo. Imagine como seria seu país se toda reclamação que cada cristão fizesse sobre o governo fosse substituída por uma oração de intercessão! Paulo nos diz nessa passagem que o resultado da intercessão será uma vida tranquila e pacífica, e a salvação dos homens. Com frequência, recebo mensagens de pessoas reclamando do governo corrupto, mas me recuso até mesmo a olhar para elas, e apago-as imediatamente.

Posso desafiá-lo com um pensamento radical? Penso que temos exatamente o governo que milhões de pessoas, inclusive os cristãos, declaram constantemente. Se quisermos que nossa nação mude, precisamos aprender a interceder por nossos líderes e declarar o que Deus diz, não a mídia. Temos muitas promessas e profecias maravilhosas para nosso país, vamos declará-las!

O exemplo de Paulo

Paulo foi um grande exemplo no que se refere a intercessão. Lemos em suas cartas que ele intercedia constantemente pelas igrejas. Tenho dito aos pastores que se eles aprendessem o segredo do apóstolo Paulo de passar tempo intercedendo por suas igrejas, teriam mais paz, mais frutos, menos estresse e menos problemas para resolver.

Segue aqui um breve resumo das coisas pelas quais Paulo intercedia: para que as igrejas tivessem o espírito de sabedoria e de revelação no pleno conhecimento de Deus e para que os olhos do coração deles fossem abertos (Ef 1.15 ss); para a salvação da nação (Rm 10.1); para que eles fossem aperfeiçoados (2Co 13.9); para que o amor deles crescesse e fossem irrepreensíveis, plenos do fruto de justiça (Fp 1.4-11); e para que fossem cheios do conhecimento da vontade de Deus, vivendo de modo digno do Senhor, agradando-lhe, sendo fortalecidos em toda paciência e perseverança (Cl 1.9-11). Se todo pastor e líder constantemente orasse por essas coisas com seriedade e em fé a favor das pessoas, teríamos igrejas maduras e poderosas.

Meu coração se entristece ao ver que geralmente a intercessão só é feita em resposta aos problemas. Cerca de 30 anos atrás, Deus me falou sobre a importância da oração preventiva. A maioria dos cristãos usa a intercessão para apagar o incêndio, mas a oração preventiva impede que o incêndio comece. A questão é que ela não traz glória ao homem, já que apenas a eternidade mostrará o que teria acontecido se alguém não tivesse orado, e nossa carne gosta de se vangloriar no sucesso de nossas orações, mas isso se chama justiça própria.

Gostaria de relembrá-lo que estou falando especificamente da intercessão por outras pessoas, não de uma oração para que Deus solucione nossos problemas. No próximo capítulo, mostrarei como deve ser nossa vida de oração pessoal.

A diferença entre a oração da Velha Aliança e a da Nova Aliança

Na Velha Aliança, as pessoas oravam olhando para o futuro, para o que Deus faria em resposta a suas orações. Porém, ao orarmos na Nova Aliança, olhamos para 2000 anos atrás, para a obra consumada da cruz.

Através da morte e ressurreição de Jesus, fomos colocados num lugar diferente, de onde oramos agora. Em Efésios 1 e 2, lemos que agora estamos nos lugares celestiais, muito acima de todo principado, potestade, poder e domínio – quando contei minha experiência de interceder por aquele país, disse que olhei para baixo para ver as potestades e os principados sobre aquela nação. Vejamos estes versículos de Efésios:

> *Esse mesmo poder que agiu em Cristo, ressuscitando-o dos mortos e entronizando-o à sua direita, nas regiões celestiais, muito acima de toda potestade e autoridade, poder e domínio, e de todo nome que possa ser pronunciado, não somente nesta era, mas da mesma forma na que há de vir. Também sujeitou tudo o que existe debaixo de seus pés e o designou cabeça sobre absolutamente tudo o que há, e o concedeu à Igreja, que é o seu Corpo, a plenitude daquele que satisfaz tudo quanto existe, em toda e qualquer circunstância.* (Ef 1.20-23)

> *Deus nos ressuscitou com Cristo, e com Ele nos entronizou nos lugares celestiais em Cristo Jesus,* (Ef 2.6)

Lembre-se sempre de que é desta posição que oramos.

Capítulo 11

Nossa vida pessoal de oração

Se estudarmos a Bíblia começando pelo livro de Atos, basicamente não encontraremos nenhuma oração por necessidades pessoais. Você não encontrará orações por provisão material registradas no Novo Testamento, após a morte e ressurreição de Jesus. Então, de onde tiramos a ideia e o costume de constantemente pedir a Deus para nos suprir? Essa prática não existia na igreja primitiva nem a encontramos nas epístolas apostólicas. Parecia claro na mente e no coração dos apóstolos que a vitória, pela qual Cristo pagou na cruz, é completa e suficiente.

O que encontramos são declarações do tipo: "nosso Deus supre todas as nossas necessidades", "Deus nos enriquece em tudo para que possamos ser generosos em todas as ocasiões", "Deus sempre nos conduz em vitória", "somos mais que vencedores em Cristo Jesus", "fomos abençoados com toda sorte de bênçãos espirituais" e muitas outras afirmações semelhantes. É notório que esse era o tom dos escritores do Novo Testamento, que criam firmemente que nós já temos o que necessitamos em Cristo.

As orações do Novo Testamento

As orações que realmente encontramos no Novo Testamento são completamente diferentes, como mostrei no capítulo anterior. Paulo pediu ao povo de Deus que intercedesse por ele em várias ocasiões, mas em todas as minhas pesquisas na Bíblia, não consegui encontrar uma só menção de que ele tenha pedido ajuda financeira para poder cumprir seu ministério. Contudo, hoje em dia, essa é uma prática muito comum entre a maioria dos ministérios que conheço pelo mundo. Estão sempre pedindo ajuda financeira às pessoas para cumprirem o chamado de Deus em sua vida.

Onde estão os homens e mulheres de fé como George Müller, que construiu orfanatos e escolas e alimentou milhares de crianças somente pela fé? Desde que eu era criança, a vida dele me fascina. Uma das coisas que mais amo a respeito desse homem é o motivo pelo qual ele começou seu ministério para as crianças. Ele ficou tão contrariado com a incredulidade na vida dos filhos de Deus que quis provar a eles, através de sua vida, que pela fé nós podemos ter acesso aos recursos do céu. Ele nunca fez um apelo para conseguir dinheiro nem pediu ajuda a ninguém, ainda assim, abrigou, alimentou e deu educação a milhares de crianças. O que muitas pessoas não sabem é que ele não só construiu esses orfanatos e escolas, mas também financiou milhares de missionários mundo afora.

Todas as orações que Paulo pediu que os cristãos fizessem por ele estão relacionadas ao avanço do evangelho e do cumprimento do seu chamado.

Passagens bíblicas difíceis

Quando ensino às pessoas que estou convicto de que não precisamos pedir que Deus nos dê provisão material ou supra nossas necessidades pessoais, mas, em vez disso, devemosnos apropriar dessa provisão pela fé, normalmente elas têm dificuldade de aceitar e compreender esse conceito. A maioria delas passou muito tempo pedindo a Deus um carro novo, uma casa, férias e outras coisas. Então, quando começo a conversar com elas e lhes pedir uma prova bíblica do que creem e praticam, elas citam alguns poucos versículos que encontram, mas que não condizem com minha crença de que não temos mais que pedir as coisas, ao contrário, temos que nos apropriar delas pela fé. Portanto, vou dedicar um tempo para responder essas dúvidas a fim de que você se livre dessas limitações e viva uma vida sem limites.

O primeiro versículo que as pessoas citam está em Filipenses:

Não andeis ansiosos por motivo algum; pelo contrário, sejam todas as vossas solicitações declaradas na presença de Deus por meio de oração e súplicas com ações de graça. E a paz de Deus, que ultrapassa todo entendimento, guardará o vosso coração e os vossos pensamentos em Cristo Jesus. (Fp 4.6-7)

Para mim, está muito claro que a ênfase desse versículo dentro do contexto não é ficar pedindo a Deus que resolva nossos problemas ou supra nossas necessidades. A lição que aprendemos aqui é não nos preocuparmos com qualquer circunstância que estejamos enfrentando, mas, em vez disso, render cada uma delas a Deus em oração e fé simplesmente. Fiz um amplo estudo desse versículo e preguei sobre ele em muitas ocasiões.

Na verdade, lembro-me claramente de uma noite em que Deus me falou sobre a importância de obedecer e praticar esse versículo, e, desde então, eu o tenho feito diligentemente. Ouvir e praticar essa mensagem tem transformado muitas pessoas em várias partes do mundo.

A primeira ordem que recebemos (sim, na gramática original está escrito como ordem a ser obedecida) é não ficarmos ansiosos por motivo algum. Isso quer dizer que devemos escolher não nos preocuparmos com nossa vida, mas deixar tudo nas mãos de Deus. Deixe-me perguntar com toda sinceridade: suas orações são motivadas pela preocupação com suas circunstâncias ou pela fé?

O segundo aspecto que vemos é como devemos levar nossos pedidos a Deus. O versículo fala de três maneiras que, na verdade, são uma só: oração, súplicas e ações de graças. Para cada uma delas foi usada uma palavra diferente. A primeira significa posicionar-se diante de Deus; a segunda significa orar ou solicitar algo; e a terceira significa agradecer. Simplificarei para que você entenda. Qualquer que seja a situação que você enfrentar, primeiro, escolha obedecer à Palavra de Deus e se recuse a ficar ansioso. Depois, simplesmente se posicione diante dele e faça sua solicitação. Então, agradeça e deixe nas mãos dele. Se depois de ter feito isso você continuar pedindo vez após outra para que ele solucione o problema, isso simplesmente provará que você não crê que ele já o ouviu.

Anos atrás, minha família e eu fomos convidados a acampar às margens de um rio nos Estados Unidos. Éramos um grupo de aproximadamente 30 pessoas e, lá, uma amiga alugou um barco por uma semana, para levarmos os jovens para passear. Ela me entregou a única chave do barco e disse: "Reinhard, você é o responsável pelo barco nesta semana". Era uma chave bem pequena presa num chaveiro.

Certo dia, um rapaz pediu que eu o levasse para esquiar, então lhe disse para ir até meu chalé pegar a chave e levá-la para mim lá no rio, enquanto eu desamarrava o barco e aprontava tudo. Do meu chalé até o barco tínhamos que atravessar um gramado de cerca de 200 metros, e quando ele chegou ao barco, estava segurando o chaveiro, mas a chave não estava lá. Não sabemos como, mas no meio do caminho o chaveiro abriu e a chave caiu. Ele entrou em pânico, pois sabia que só tínhamos aquela chave e que o lugar onde havíamos alugado o barco ficava a umas duas horas de carro de onde estávamos. Tínhamos que devolver o barco no dia seguinte e, sem a chave, não conseguiríamos nem mesmo tirá-lo da água.

Apavorado, ele chamou todos os amigos para ajudarem a procurar a chave, mas como encontraríamos uma chave tão pequena num gramado de 200 metros sem ter a mínima ideia de onde ela tinha caído? Enquanto todo mundo procurava loucamente, eu me recusei a me juntar a eles. Fiquei parado exatamente onde eu estava, posicionei-me diante de Deus e orei fazendo meu pedido. Eu disse: "Pai, preciso dessa chave. Não faz diferença se vamos achá-la, se o Senhor vai criar outra ou se um anjo vai trazê-la para mim. Eu simplesmente peço a chave." E comecei a agradecê-lo pela chave. Enquanto todo mundo continuava em pânico, eu permaneci calmo.

Após uns 30 segundos, a preocupação tentou tomar minha mente e meu coração de novo, mas entendi que se eu continuasse pedindo a chave a Deus, isso seria incredulidade, não fé. Então, simplesmente agradeci a Deus por ter ouvido minha oração e pela chave devolvida. Afinal, o versículo diz que nossos pedidos devem ser conhecidos diante de Deus *com* ações de graças, e permaneci firme nessa posição. Quando a tentação de me preocupar ou orar outra vez vinha novamente, eu continuava firme, apenas agradecendo a Deus. Pouco depois, um senhor gritou lá do gramado: "Ei! Achei uma chave na grama. Alguém perdeu uma chave?" Eu disse: "Obrigado", e tivemos uma ótima tarde.

Esse versículo termina com a poderosa frase: "E a paz de Deus, que ultrapassa todo entendimento, guardará o vosso coração e os vossos pensamentos". Creio profundamente que o motivo pelo qual muitos cristãos não têm paz é porque eles continuam pedindo as coisas a Deus em vez de deixar tudo nas mãos dele e declarar que aquilo já lhes pertence. Não achei nenhuma evidência na Bíblia de que devemos ficar pedindo continuamente que Deus nos dê algo.

Certa vez, George Müller estava de joelhos conversando com Deus sobre uma necessidade urgente em um de seus orfanatos. Depois de colocá-la diante de Deus em oração, ele quis continuar orando por ela, mas Deus lhe disse: "Por que você ainda me pede? Você acha que eu não o escutei?" Então ele se levantou e simplesmente creu.

O próximo versículo sobre o qual quero falar está em Tiago:

> *Se algum de vós tem falta de sabedoria, roga a Deus, que a todos concede liberalmente, com grande alegria.* (Tg 1.5)

As pessoas me perguntam: "Como você pode dizer que já sabemos todas as coisas e não precisamos pedir sabedoria a Deus, mas simplesmente nos apropriarmos dela pela fé? Então, por que Tiago diz que devemos pedir sabedoria?"

Em 1 Coríntios 1.30, lemos: "Portanto, vós sois dele, em Cristo Jesus, o qual se tornou para nós sabedoria da parte de Deus, justiça, santificação e redenção". Portanto, se Cristo é minha sabedoria, não peço mais por sabedoria, mas declaro e creio que já a recebi.

O contexto de Tiago 1 é muito claro: em primeiro lugar, nem todos são incentivados a orar por sabedoria, apenas aqueles que não a têm. Ele não diz *quando*, mas *se* tiver falta de sabedoria. O segundo aspecto que vemos é que ele não fala da sabedoria geral que já recebemos, mas de uma sabedoria bem específica.

Vejamos os versículos anteriores:

Meus amados irmãos, considerai motivo de júbilo o fato de passardes por diversas provações. Porquanto sabeis que a prova da vossa fé produz ainda mais perseverança. E a perseverança deve ter plena ação, a fim de que sejais aperfeiçoados e completos, sem que vos falte virtude alguma (Tg 1.2-4)

Tiago nos diz para nos alegrarmos em tempos difíceis e de prova da nossa fé, crendo que isso produzirá um grande resultado. Poucos cristãos têm sabedoria para agir e reagir assim em circunstâncias difíceis. Eles reclamam, lamentam, choram e não param de clamar a Deus para resolver o problema deles. Se essa for sua reação, obviamente você precisa pedir a Deus especificamente essa sabedoria para se alegrar na tribulação. Mas lembre-se, Tiago continua dizendo que devemos pedi-la em fé, sem duvidar.

No próximo capítulo, continuaremos analisando outras passagens difíceis.

Capítulo 12

Explicando Mateus 7

Antes de explicar por que não acredito que a parábola em que Jesus diz para pedir, buscar e bater tenha o significado que muitos cristãos entendem que tenha, quero analisar outro versículo.

Quando o apóstolo Paulo pediu a Deus que resolvesse seu problema, o espinho na carne, Deus não respondeu sua oração e removeu o espinho. Muitas pessoas discutem sobre o que poderia ser esse espinho, alguns dizem que era uma enfermidade, mas, em meu entendimento, o contexto é muito claro: era um demônio que instigava a perseguição contra Paulo em todo lugar aonde ele ia e lhe causava muito sofrimento físico. Mas, antes de tudo, não acho que você precise se preocupar em ter um espinho na carne, a menos que você creia estar no mesmo nível do apóstolo Paulo.

Vejamos o que está escrito em 2 Coríntios:

Por três vezes, roguei ao Senhor que o removesse de mim. Entretanto, Ele me declarou: "A minha graça te é suficiente, pois o meu poder se aperfeiçoa na fraqueza". (2Co 12.8-9)

Em outras palavras, Deus disse a Paulo: "Você não precisa me pedir para solucionar seu problema; você tem minha força para ser forte em qualquer situação em que se encontrar". Repetindo, eu creio que ficar implorando a Deus para que ele conserte as coisas limita nossa vida. Lembre-se de que Deus me disse naquela noite que ele não impõe limitações a seus filhos, mas eles mesmos se limitam através da incredulidade de seu coração.

Depois de Deus lhe dizer que o problema não seria removido, Paulo entendeu isso e, apropriando-se pela fé, tomou posse do poder do Senhor para sua vida. Fico feliz porque o Senhor lhe respondeu tão claramente, caso contrário, ele teria continuado a orar pelo resto de sua vida e não teria andado no poder que estava disponível para ele.

Pedir, buscar e bater?

A fim de compreender melhor o que Jesus realmente tentou transmitir com essa parábola, precisamos lê-la devagar e atentamente nos dois evangelhos onde está registrada.

Pedi, e vos será concedido; buscai, e encontrareis; batei, e a porta será aberta para vós. Pois todo o que pede recebe; o que busca encontra; e a quem bate, se lhe abrirá. Ou qual dentre vós é o homem que, se o filho lhe pedir pão, lhe dará uma pedra? Ou se lhe pedir peixe, lhe entregará uma cobra? Assim, se vós, sendo maus, sabeis dar bons presentes aos vossos filhos, quanto mais vosso Pai que está nos céus dará o que é bom aos que lhe pedirem! Portanto, tudo quanto quereis que as pessoas vos façam, assim fazei-o vós também a elas, pois esta é a Lei e os Profetas. (Mt 7.7-12)

E acrescentou-lhes Jesus: "Imaginai que um de vós tenha um amigo e que precise recorrer a ele à meia-noite e lhe peça: 'Amigo, empresta-me três pães, porque um amigo meu acaba de chegar de viagem, e não tenho nada para lhe oferecer'. E o que estiver dentro da casa lhe responda: 'Não me incomodes. A porta já está fechada, e eu e meus filhos já estamos deitados. Não posso me levantar e dar-te o que me pedes'. Eu vos afirmo que, embora ele não se levante para dar-lhe o pão por ser seu amigo, por causa da insistência se levantará e lhe dará tudo o que precisar. Portanto, vos asseguro: Pedi, e vos será concedido; buscai e encontrareis; batei e a porta será aberta para vós. Pois todo o que pede recebe; o que busca encontra; e a quem bate se lhe abrirá. Qual pai, dentre vós, se o filho lhe pedir um peixe, em lugar disso lhe dará uma cobra? Ou se pedir um ovo, lhe dará um escorpião? Ora, se vós, apesar de serdes maus, sabeis dar o que é bom aos vossos filhos, quanto mais o Pai que está nos céus dará o Espírito Santo àqueles que lho pedirem!" (Lc 11.5-13)

Lendo essa parábola nos dois evangelhos, algumas coisas ficam bem claras para mim. Em Mateus, Jesus diz que Deus dará boas coisas aos que lhe pedem (v. 11). Entretanto, Lucas nos conta a mesma história, dizendo que o Pai nos dará o Espírito Santo (v.13). Se você olhar na linguagem original do evangelho de Mateus, a palavra "coisas" não está lá. Ele simplesmente diz que o Pai dará o *bem* àqueles que lhe pedem. Creio que Lucas é quem expressa claramente que o bem é o Espírito Santo. Nessa passagem, não encontramos evidência alguma de que precisemos convencer Deus a nos dar todas as boas coisas e suprir as necessidades que queremos que ele supra. No início deste livro já mostrei que fomos abençoados com todas as bênçãos materiais e tudo já nos foi dado.

O próximo aspecto que vemos, e que Lucas descreve claramente, é que Jesus está falando sobre intercessão. Vamos ler o que está escrito no início:

E acrescentou-lhes Jesus: "Imaginai que um de vós tenha um amigo e que precise recorrer a ele à meia-noite e lhe peça: 'Amigo, empresta-me três pães, porque um amigo meu acaba de chegar de viagem, e não tenho nada para lhe oferecer'. (Lc 11.5,6)

O contexto da parábola que fala sobre pedir, buscar e bater é bem óbvio: é intercessão. Creio que já expliquei bem o bastante neste livro o poder e a importância que a intercessão tem. Na intercessão nós pedimos, buscamos e batemos porque não é para nós, mas por aqueles por quem estamos na brecha. Precisamos entender que quando se trata de intercessão, a razão de continuarmos intercedendo não é tentar convencer Deus a mover, mas manter a influência de Deus sobre as pessoas pelas quais oramos até que elas decidam responder.

Devemos ler tudo, inclusive os evangelhos, à luz da obra consumada da cruz. Jesus nos diz claramente que devemos manter nosso foco na bondade de nosso Pai, não na necessidade. Ambos os escritores, Mateus e Lucas, fazem uma afirmação interessante quando usam a expressão *"quanto mais"*, expressando a generosidade, a bondade e a benignidade de nosso Pai no céu. Vamos ler estes dois versículos novamente, onde Jesus nos diz que nosso Pai no céu está muito mais disposto a dardo que qualquer pai na terra jamais estaria.

> *Assim, se vós, sendo maus, sabeis dar bons presentes aos vossos filhos, quanto mais vosso Pai que está nos céus dará o que é bom aos que lhe pedirem!* (Mt 7.11)

> *Ora, se vós, apesar de serdes maus, sabeis dar o que é bom aos vossos filhos, quanto mais o Pai que está nos céus dará o Espírito Santo àqueles que lho pedirem!"* (Lc 11.13)

Aprendendo com Jesus

É interessante notar que Jesus nos disse para não usarmos muitas palavras nas orações, mesmo assim, é exatamente isso que muitos cristãos fazem:

> *E, quando orardes, não useis de vãs repetições, como fazem os pagãos; pois imaginam que devido ao seu muito falar serão ouvidos.* (Mt 6.7)

Jesus nos advertiu claramente contra as vãs repetições, isto é, ficar dizendo a mesma coisa vez após a outra. Quando jovem, eu orava exatamente como Jesus disse para não orarmos; eu ficava pedindo a mesma coisa várias vezes. E se, vez ou outra, as coisas que estamos pedindo acontecem, acreditamos que nossas orações deram certo, mas eu discordo. É necessário saber que não estamos falando de intercessão aqui, mas de nossa vida de oração pessoal.

Quando os discípulos pediram que Jesus lhes ensinasse a orar, ele lhes deu uma oração bem curta, a oração do Pai Nosso, apesar de que ele mesmo passava noites inteiras em oração.

De madrugada, em meio a escuridão, Jesus levantou-se, saiu da casa e retirou-se para um lugar deserto, onde ficou orando. (Mc 1.35)

Tendo-o despedido, subiu a um monte para orar. (Mc 6.46)

Parece contraditório: ele diz aos discípulos para não usarem de muitas palavras ou vãs repetições na oração, então lhes dá um modelo de oração bem curta e, depois, passa noites orando. Contudo, para mim, não há contradição alguma.

Já faz muitos anos que tenho desfrutado desse tipo de vida de oração e jamais o deixarei. Uma chave para ambos os versículos é o verbo "retirou-se"[1], que nesse contexto significa afastar-se das pessoas e das distrações. Nas páginas a seguir, ensinarei a você como aprendi a orar de acordo com a Nova Aliança e desfrutar de resultados maravilhosos.

Antes de entrar em detalhes sobre como fazer isso, quero que você compreenda alguns aspectos importantes. Não chegue diante de Deus com sua lista de necessidades. Deus deseja intimidade. Se eu me relacionasse com minha esposa da maneira como os cristãos geralmente se relacionam com Deus em oração, posso garantir que nós não teríamos um bom casamento. Se eu só me aproximasse dela com uma lista de coisas que ela precisasse fazer por mim, isso não agradaria o coração dela. O casamento é uma figura de Cristo e a Igreja, e assim como os casais precisam estar juntos, simplesmente desfrutando um do outro, nós também precisamos estar com o Senhor, o amado de nossa alma, em oração, e aprender a

---

[1] N. da T.: O verbo usado na versão inglesa dos dois versículos citados pelo autor é *"departed"*, que pode ser traduzido como "partiu", "afastou-se" ou "retirou-se". Nas versões em língua portuguesa, entretanto, foi traduzido de forma diferente em cada uma. A versão King James Atualizada usa o verbo "retirou-se" em Marcos 1.35, e a maioria das versões usa os verbos "subiu" ou "foi" em ambas as citações. Em todas elas, porém, o sentido de "afastar-se" foi mantido.

simplesmente desfrutar dele. O profeta Isaías nos dá um belo incentivo quando diz:

> *Porque assim diz o Senhor Deus, o Santo de Israel: Em vos converterdes e em sossegardes, está a vossa salvação; na tranquilidade e na confiança, a vossa força, mas não o quisestes.* (Is 30.15 – ARA)

Não é nos aproximando de Deus com uma lista do que precisa ser resolvido, recitando-a diante dele ansiosamente, que nossa vida se torna frutífera, mas rendendo tranquilamente nossa vida a ele em absoluta confiança de que ele é tudo de que precisamos. Ao aprendermos a orar, temos que entender que devemos nos achegar a ele com uma fé pura em sua bondade demonstrada através da Nova Aliança.

A mentalidade religiosa

Um dos grandes obstáculos que precisamos vencer para aprender a orar de acordo com a Nova Aliança, o que eu creio que removerá todas as limitações de nossa vida, é a mentalidade religiosa. Precisamos descansar na bondade de Deus, compreendendo que tudo de que precisamos está dentro de nós e podemos viver num relacionamento direto com o coração dele.

No início de minha vida cristã, aprendi que com meu modo de orar, fazendo uma lista de necessidades e focando no problema, quase não havia fé em meu coração. Antes de expirarmos o ar, precisamos inspirá-lo. Antes de conseguirmos amar, precisamos receber amor. Em nosso tempo de oração, devemos beber de nossa fonte, que é o Senhor.

Recentemente um amigo me perguntou: "E Romanos 8.32, onde lemos que Deus nos *dará* graciosamente todas as coisas?" Segundo ele, como o verbo está escrito no futuro, isso significa que ainda precisamos pedir as coisas que ainda não nos foram dadas. Então, vamos dar uma olhada no versículo:

> *Aquele que não poupou seu próprio Filho, mas o entregou por todos nós, como não nos concederá juntamente com Ele, gratuitamente, todas as demais coisas?* (Rm 8.32)

No original grego, assim como em muitos idiomas, uma palavra tem vários significados, dependendo do contexto. Não creio que Deus esteja dizendo aqui que ele nos dará tudo se simplesmente orarmos e crermos. Um dos significados do verbo "conceder" é "perdoar", que é o que eu creio que Deus esteja dizendo aqui. Observando o contexto desse versículo, isso faz todo o sentido. Vamos ler todo o trecho e, quando chegarmos à palavra "conceder", vamos substituí-la por "perdoar".

A que conclusão, pois, chegamos diante desses fatos? Se Deus é por nós, quem será contra nós Aquele que não poupou seu próprio Filho, mas o entregou por todos nós, como não nos concederá juntamente com Ele, gratuitamente, todas as demais coisas? Quem poderá trazer alguma acusação sobre os escolhidos de Deus? É Deus quem os justifica! Quem os condenará? Foi Cristo Jesus que morreu; e mais, Ele ressuscitou dentre os mortos e está à direita de Deus, e também intercede a nosso favor. (Rm 8.31-34)

O contexto dessa passagem é a acusação e a condenação contra nós. Paulo nos diz que ninguém pode trazer acusação alguma contra nós porque Deus nos justifica; ninguém pode nos condenar porque Cristo é nosso advogado. Ele nos diz que se Deus já nos deu seu próprio Filho, então não nos perdoará gratuitamente por tudo? Esta é a confiança e a garantia de nossa salvação eterna: os pecados passados estão perdoados, assim como os do presente, e todos os pecados futuros serão gratuitamente perdoados também. Ainda que caíssemos em pecado um milhão de vezes, ele nos perdoaria gratuitamente por causa do perfeito sacrifício de Cristo.

Capítulo 13

A oração do Pai Nosso – Parte 1

Nesta parte, mostro como minha vida foi transformada quando aprendi a fazer a oração do Pai Nosso. Essa não é uma oração que devemos recitar automaticamente, sem prestar atenção no que estamos dizendo. Na verdade, acredito que ela não seja uma oração para ser simplesmente repetida, mas um modelo que Jesus nos deu a fim de nos ensinar uma lição mais profunda.

Devemos sempre nos lembrar de que a oração jamais deve se tornar uma atividade religiosa, porque isso nos impõe limitações que o Senhor nunca quis que tivéssemos. A oração do Pai Nosso nos conecta aos recursos de Deus, que *já nos foram gratuitamente concedidos* em Cristo.

Vamos ler o que está escrito em Mateus:

Por essa razão, vós orareis: Pai nosso, que estás nos céus! Santificado seja o teu Nome. Venha o teu Reino. Seja feita a tua vontade, assim na terra como no céu. Dá-nos hoje o nosso pão diário. Perdoa-nos as nossas dívidas, assim como perdoamos aos nossos devedores. E não nos conduzas à tentação, mas livra-nos do Maligno. Porque teu é o Reino, o poder e a glória para sempre. Amém. (Mt 6.9-13)

A oração em seu significado original

Essa oração, na verdade, não é algo que partiu da iniciativa de Jesus, mas dos discípulos, ao pedirem que os ensinasse a orar. Então, atendendo ao pedido deles, Jesus lhes deu essa oração. Agora, a questão nunca foi se os cristãos devem ou não orar, mas como orar e qual é o verdadeiro significado da oração.

Segundo os estudiosos de hebraico, uma das importantes palavras hebraicas para "oração" é *tefilah*. Esta palavra vem de duas raízes: a primeira é um verbo chamado *pallel*, que significa "julgar a si mesmo"; a outra também é um verbo, *tofel*, que significa "unir" ou "ajustar".

Se hoje você perguntasse sobre oração a um rabino que vive debaixo da lei, ele lhe diria que, como o verbo *tofel* diz, devemos julgar a nós mesmos quando nos achegamos a Deus em oração. Realmente, esse é o verdadeiro significado, mas aplicado através da mentalidade da Velha Aliança.

Quando eles dizem que devemos julgar a

nós mesmos antes de nos achegarmos a Deus em oração, o que eles querem dizer é que devemos olhar para o pecado em nossa vida, sentir culpa e condenação, e confessá-lo a Deus. Na Nova Aliança, entretanto, nossos pecados são perdoados e Deus não se lembra mais deles. Sendo assim, esse conceito deve ter uma aplicação diferente.

Portanto, já que o significado da palavra é o mesmo, como podemos aplicá-lo debaixo da Nova Aliança?

Quando me achego ao Senhor em oração, realmente julgo minha vida, mas de uma forma diferente. Já ouvi cristãos dizerem que Jesus nos disse para não julgarmos e que estamos debaixo da graça, não da lei, portanto, não devemos julgar. Mas o verbo "julgar" tem vários significados. Existe um jeito bom e importante de julgar. Por exemplo, se você estiver dirigindo seu carro, e um carro à sua frente parar, você deve julgar o momento certo de pisar no freio. Se julgar errado ou se não fizer esse julgamento, você sofrerá um acidente.

Na oração, examino minha vida e julgo se ela está perfeitamente alinhada com o modelo de oração que Jesus nos deu. Se estiver, que é o que se espera de uma vida cristã normal, então me alegro no Senhor por sua graça e bondade, e desfruto de sua doce presença em meu tempo de oração.

Mas se não estiver, devo ajustar minha vida e meu coração às palavras de Jesus. Lembre-se de que orar significa julgar a si mesmo e, então, ajustar. Ainda neste capítulo, explicarei de forma clara e prática como fazer isso.

Agora que entendemos o significado de oração, vejamos a oração do Pai Nosso sob essa perspectiva. Jesus nos disse para começarmos a oração dizendo "Pai nosso, que estás nos céus". Mas, antes de lhe ensinar a julgar e ajustar isso, eu gostaria de lhe dar um importante conselho pessoal.

Quando você praticar esse tipo de oração, encontre um lugar calmo e tranquilo, afaste-se de toda distração, não leve seu telefone celular e, então comece com um momento de louvor e agradecimento. O próprio Jesus nos disse, como lemos em Mateus 6.6, que quando orarmos, devemos fazer duas coisas que descobri serem vitais em minha vida.

Primeiramente, ele nos disse para irmos para o quarto, que significa retirar-se para um lugar privado, longe de tudo e de todos.

Nas viagens que faço pelo mundo, estou constantemente em reuniões onde as pessoas oram, e fico chocado quando as vejo colocar o celular no modo vibrar, guardá-lo no bolso da calça e orar. Toda vez que ele vibra, elas o tiram do bolso e checam as mensagens. Meu amigo, creio que hoje Jesus provavelmente diria "Vá para seu quarto, desligue seu celular e feche a porta". Devemos escolher o que é mais importante para nós: nos conectarmos com Deus ou com as pessoas. Lembre-se, sua vida diária refletirá sua vida de oração. Você escolhe!

Jesus também nos disse para fecharmos a porta, mas, infelizmente, isso parece impossível para as pessoas hoje em dia. Há décadas eu descobri que os primeiros momentos da manhã, antes de se conectar com qualquer pessoa ou com qualquer coisa, e os últimos momentos à noite, antes de dormir, são particularmente proveitosos. É um bom hábito desligar seu celular à noite e não religar até ter passado um tempo com o Senhor em oração. Depois de nosso coração e nossa mente já terem sido perturbados por todas as mensagens que estão aguardando por nós, fica difícil nos concentrarmos no Senhor.

Não se volte para Deus como se ele estivesse lá fora, em algum lugar distante lá no céu. Ele está dentro de você e ama desfrutar desse tempo de comunhão com você.

Quando disser "Pai nosso", julgue sua vida. Seu coração realmente crê que ele é seu Pai amoroso, bondoso e cuidadoso? Sua vida é um reflexo desse bom Pai que cuida de você? Se for, passe um tempo refletindo na bondade de seu Pai amoroso. Não se apresse em se afastar da presença dele. Permaneça em silêncio, desfrutando da comunhão com seu doce Pai no céu. De vez em quando, simplesmente lhe diga o quanto você é grato por esse Pai tão maravilhoso. Se sua mente começar a divagar, não se preocupe; em fé, expresse sua gratidão pelo profundo amor dele por você. Logo você aprenderá a sentir seus braços de amor ao seu redor, desmanchando-se em unidade com ele e seu perfeito amor por você. Continue a expressar sua gratidão a ele pelo bom Pai que ele é, e absorva seu amor.

Mas se sua vida não refletir isso, é hora de ajustar, porque essa é a verdade bíblica. E é muito simples ajustar sua vida à verdade da Palavra de Deus encontrada na oração do Pai Nosso. Ajustar também significa encaixar, portanto, como há uma distância entre o que você tem experimentado em sua vida e a verdade de que Deus é seu Pai, você precisa encaixar esses dois aspectos. Comece a fazer isso dando um passo de fé. Sempre que nos achegamos a Deus em oração, devemos fazê-lo simplesmente pela fé, por isso comece a declarar: "Obrigado, Deus, por ser meu Pai amoroso". Então, medite nessa verdade até que ela esteja impregnada em seu coração. Continue declarando, meditando e agradecendo.

A meditação bíblica é bem diferente da meditação praticada nas religiões orientais, que ensinam a *esvaziar* a mente. Na verdade, é exatamente o oposto, pois nela, *enchemos* nossa mente com a verdade da Palavra de Deus.

Minha vida de oração tem sido assim há mais de duas décadas. Quando não estou em intercessão, gasto a maior parte de meu tempo de oração agradecendo a Deus, meditando nas verdades de Sua palavra, declarando-as sobre minha vida e ligando e desligando.

Creio que já tenha ficado claro que devemos agradecer e meditar, mas a maneira como declaramos também é importante. Por causa da obra consumada da cruz, nossa declaração sempre deve ser pessoal, presente, positiva e bíblica (P.P.P.B.). Por exemplo, voltemos à verdade de que Deus é nosso Pai. Eu declaro de forma pessoal (*Meu* Pai), no presente (o Senhor *é*), positiva (um bom Pai – não digo "obrigado porque o Senhor não é um Pai ruim"), e ela já é bíblica. Essa é a fórmula P.P.P.B. que aplico em minha vida.

Há momentos em que eu ligo e desligo, o que acredito ser também uma parte importante da oração. Quando Jesus falou sobre autoridade para ligar e desligar, ele não falou sobre amarrar o diabo. Em Mateus, lemos:

> *Eu darei a ti as chaves do Reino dos céus; o que ligares na terra haverá sido ligado nos céus, e o que desligares na terra, haverá sido desligado nos céus".*
> (Mt 16.19)

Jesus não estava falando para uma cultura ocidental, mas para a cultura hebraica, para os judeus, e eles entendiam exatamente o que ele estava falando. Quando o povo judeu queria que uma questão fosse decidida legalmente, eles iam até um rabino e lhe apresentavam o caso. O rabino tomava a decisão e declarava: "Eu ligo" ou "Eu desligo" tal questão; isso significa que ele declarava a questão legal ou ilegal. Por exemplo, se eu estiver enfrentando uma enfermidade em minha vida, eu a desligo simplesmente dizendo: "Eu declaro que você não tem legalidade para estar em minha vida, porque no céu não há enfermidade". Então eu ligo a saúde simplesmente declarando: "Eu legalmente ligo e libero a saúde de Cristo em meu corpo. Eu sou curado".

Podemos aplicar isso a qualquer área de nossa vida, contanto que tenhamos base bíblica para o que estivermos declarando. Podemos declarar que a pobreza, a condenação, os relacionamentos rompidos, dentre outros, são ilegais em nossa vida.

Prosseguindo, o segundo aspecto sobre o qual Jesus nos ensinou a orar é "Santificado seja o teu nome!". Ser *santificado* significa ser separado ou colocado em um lugar especial.

Novamente, a primeira coisa que você faz é julgar. Sua vida reflete os nomes de Deus? Na cultura judaica, os nomes são muito importantes, porque representam o caráter, a natureza e o propósito de uma pessoa.

O nome Jeová significa "o nome próprio do único Deus verdadeiro". É vital entendermos que os nomes de Deus declaram seu caráter, portanto, ele não pode e não agirá contra seu próprio nome. Lembre-se disso ao analisarmos alguns dos nomes Deus, e eu o incentivo a estudá-los, pois existem dezenas deles. Aqui veremos apenas alguns dos mais importantes.

> *E Moisés edificou um altar e chamou o seu nome: O Senhor é minha bandeira.* (Êx 17.15 – ARC)

O nome usado na língua original é Jeová Nissí, cujo significado está no próprio versículo. Bandeira é um sinal de vitória e triunfo. Então, agora é hora de julgar a si mesmo. Há alguma situação em sua vida que não reflita a vitória de Deus? Se houver, você deve ajustá-la ao nome de Deus, que é Seu caráter. Comece agradecendo por ele verdadeiramente ser sua vitória. Declare: "Eu tenho vitória total nesta área de minha vida, porque Deus é minha vitória". Como Deus é onipotente, sua vitória é inquestionável e não pode ser contestada.

Você consegue ver o erro que os cristãos têm cometido em sua vida de oração? Eles enfrentam uma batalha ou uma situação difícil e clamam a Deus desesperadamente para que ele lhes dê a vitória. Viver assim é muito difícil e estressante, e normalmente não leva à vitória, mas ao medo e, no fim, à derrota. Paulo compreendeu isso quando, em meio a circunstâncias difíceis, declarou com ousadia: "Graças, porém, a Deus, que, em Cristo, sempre nos conduz em triunfo" (2Co 2.14).

O próximo nome de Deus que veremos está em Salmos:

O Senhor é o meu pastor; nada me falta. (Sl 23.1)

O nome aqui é Jeová Raá, e você deve fazer o mesmo processo que acabou de aprender. Julgue sua vida: você coloca o nome de Deus num lugar especial? Ele é santificado? Se faltar algo em sua vida, ele não é santificado e você deve ajustar isso. Se nada lhe faltar, simplesmente passe um tempo desfrutando da presença dele, agradecendo e louvando-o.

Continue a fazer o mesmo com os vários nomes de Deus, dentre os quais posso citar:

Jeová-Rafá – pois eu sou o *Senhor, que te sara.* (Êx 15.26)

Jeová Tsidikenu – *"Nos seus dias, Judá será salvo, e Israel habitará seguro. E este será o nome pelo qual será chamado:* "Senhor, Justiça Nossa". (Jr 23.6)

Jeová-Jirê – *"E Abraão deu àquele lugar o nome de* 'O Senhor Proverá'". (Gn 22.14)

No próximo capítulo, continuaremos estudando a oração do Pai Nosso, mas eu o encorajo a praticar essa forma de oração diariamente com diligência.

Capítulo 14

A oração do Pai Nosso – Parte 2

Na sequência, Jesus disse: "Venha o teu Reino" (Mt 6.10a). Agora você já aprendeu o processo de julgar e ajustar, portanto, analise: o Reino de Deus se manifesta visivelmente em todas as áreas de sua vida? Em Lucas 17.21, Jesus disse que o Reino de Deus está dentro de nós. Paulo nos disse, na carta aos Coríntios, que "o Reino de Deus não consiste de palavras, mas de poder" (1Co 4.20). Creio que aqui devemos julgar e ajustar novamente, mas também podemos entrar em intercessão, clamando a Deus para que seu reino se manifeste em nosso trabalho, país, família etc.

Então o Senhor continua dizendo: "Seja feita a tua vontade, assim na terra como no céu". Siga os mesmos passos acima. A vontade dele realmente está sendo feita em sua vida? Se não estiver, renda-se totalmente a ela; declare que a perfeita vontade dele também será a sua. Permita ainda que o Espírito Santo o use para interceder, para clamar a fim de que a vontade dele seja vista em todos os lugares aonde você for.

"Dá-nos hoje o nosso pão diário", Jesus continua a oração. Como já mostrei neste livro, não achamos uma só oração por provisão material nas epístolas do Novo Testamento, portanto, também devemos interpretar esse versículo à luz da Nova Aliança. Ao estudarmos o Velho Testamento, até mesmo nele vemos que Deus simplesmente prometeu provisão generosa para seu povo que obedecia à lei. Cristo obedeceu e cumpriu a lei para que todas as bênçãos de Abraão e aquelas que Ele prometeu a Seu povo agora nos pertençam.

Agradeça e louve-o por ele ser seu provedor. Agradeça-o porque jamais faltará pão em sua mesa. Declare sobre sua vida que jamais faltarão coisas boas em seu lar. Lembre-se, não é Deus quem nos impõe limitações, mas nosso coração de incredulidade. Não chegue nessa parte da oração e comece a implorar a Deus para colocar pão em sua mesa todo dia ou para prosperar seus negócios ou lhe dar um emprego melhor. Agradeça a ele e declare que você é abençoado em Jesus. Devemos aprender a tirar o foco das circunstâncias difíceis e negativas que enfrentamos e colocá-lo na verdade da Palavra de Deus. Fazendo isso, simplesmente pela fé, essas verdades começarão a se manifestar em nossa vida diária, como está escrito no Salmo 112:

Na sua casa há prosperidade e riqueza, e a sua justiça permanece para sempre. (Sl 112.3 – ARA)

Eu o incentivo enfaticamente a pegar as inúmeras promessas como essa e torná-las parte de sua vida. Como estamos construindo orfanatos neste país, eu constantemente faço isto: declaro que eles são abençoados, agradeço a Deus por sua provisão abundante e confesso e declaro que sempre haverá recurso financeiro para cumprir o propósito de Deus.

Jesus continua: "Perdoa-nos as nossas dívidas, assim como perdoamos aos nossos devedores". Mais uma vez, a chave para entender essa oração é julgar e ajustar. Deixe-me fazer uma pergunta bem simples. Você já encontrou algum versículo nas epístolas dizendo que precisamos pedir que Deus perdoe nossos pecados? Eu não, por uma razão bem simples: porque a Nova Aliança e o evangelho da graça são tão belos que, da perspectiva de Deus, nossos pecados já foram perdoados de uma vez por todas. Em Hebreus, lemos que Deus não se lembra mais de nossos pecados (veja Hb 8.12). Mas a consciência do pecado leva a uma vida de culpa, condenação e derrota. Precisamos viver cientes do perdão de Deus e firmemente estabelecidos e arraigados na verdade de que somos perfeitamente justos.

Já me perguntaram inúmeras vezes: "Mas, e 1 João 1.9?"

Se confessarmos os nossos pecados, Ele é fiel e justo para nos perdoar todos os pecados e nos purificar de qualquer injustiça. (1Jo 1.9)

Posso lhe perguntar em que parte desse versículo você encontra que precisamos pedir perdão? Confessar algo e pedir perdão são coisas diferentes.

Ao chegar a essa parte da oração do Pai Nosso, siga o mesmo padrão. Sua vida está infestada de culpa, vergonha e condenação? Então comece a agradecer a Ele por ser totalmente perdoado e liberto de toda culpa. Veja-se como alguém totalmente justo e perfeito em Cristo. Enquanto medita em seu coração e toma posse do maravilhoso perdão gratuito que você recebeu de Deus, decida também perdoar todos os homens gratuitamente.

A oração continua com as palavras: "E não nos conduzas à tentação". Essa parte tem intrigado muitos dos melhores mestres da Bíblia pelo mundo. Trinta anos atrás, tentei encontrar uma resposta que satisfizesse minha preocupação com essa declaração. Deus realmente nos conduz à tentação a menos que peçamos a ele que não faça isso? Que tipo de Deus ele seria se colocasse seus filhos em tentação? Nenhum pai terreno faria algo tão cruel com seus filhos e colocaria armadilhas para eles. Contudo, os cristãos acreditam que nosso Pai no céu faria isso. Eu conversei pessoalmente com um dos mestres da Bíblia mais reconhecidos deste século a fim de encontrar uma solução para esse dilema, mas nunca consegui encontrar uma resposta que me satisfizesse. Só fiquei em paz a respeito disso quando li e interpretei essa oração à luz da obra consumada da cruz.

Devemos compreender que tudo o que lemos na Bíblia, inclusive o que Jesus disse, deve ser interpretado através da luz da Nova Aliança. Jesus ainda não vivia na Nova Aliança, mas num período entre as duas alianças. Foi ele quem entrou no Santo dos Santos do céu com seu sangue mais precioso, portanto, a Nova Aliança não poderia começar até que ele morresse e ressuscitasse.

Para ilustrar essa questão da interpretação, pense no seguinte: Jesus disse que se nossa mão nos faz pecar, devemos cortá-la. Sendo assim, se acreditamos que é dessa maneira que alcançamos vitória sobre o pecado, então por que as igrejas não fornecem machados? Parece absurdo, mas acredito que isso ilustre claramente o que quero mostrar. Nossa vitória sobre o pecado só pode ser alcançada na obra consumada da cruz, pois nossa natureza pecaminosa já foi pregada na cruz. Portanto, não obtemos vitória sobre o pecado cortando um membro do nosso corpo, mas crendo firmemente na obra de Cristo.

Em Tiago, lemos que Deus nunca tentará ninguém.

> *Entretanto, ninguém ao ser tentado deverá dizer: "Estou sendo tentado por Deus". Ora, Deus não pode ser tentado pelo mal, e a nenhuma pessoa tenta. Cada um, porém, é tentado pelo próprio mau desejo, sendo por esse iludido e arrastado.* (Tg 1.13,14)

Se Jesus quisesse dizer que devemos pedir a Deus para não nos conduzir à tentação, então Tiago estaria contradizendo-o aqui. Acho interessante que essa afirmação está diretamente ligada à anterior, onde ele diz que também devemos perdoar aqueles que nos ofendem. Portanto, se escolhermos ignorar a lição da oração do Pai Nosso e vivermos determinados a não perdoar, creio que abriremos a porta para muitas tentações em nossa vida.

Jesus encerra sua oração com a declaração "Porque teu é o Reino, o poder e a glória para sempre. Amém." Ah, se os cristãos simplesmente cressem nessa verdade absoluta! Precisamos aprender a declarar essas palavras sobre cada situação que enfrentamos. Elas nos ensinam que, no final das contas, Deus é quem está no controle. Se acreditássemos nessa verdade de todo o nosso coração, muito do estresse e da frustração que os cristãos enfrentam hoje seria eliminado. Eu o incentivo a fazer essa declaração com o coração cheio de fé e ousadia, fazendo dela uma parte diária de sua vida de oração.

Quando vejo a reação dos cristãos diante das dificuldades, geralmente me pergunto: será que eles realmente creem num Deus que se assenta no trono? Espero que esses capítulos até aqui tenham instigado seu coração a mudar sua maneira de orar. Estou profundamente convicto, pois é o que tenho experimentado e comprovado em mais de duas décadas de uma vida de oração fiel e frutífera, que quando oramos assim, nossa vida muda.

Gostaria de terminar este capítulo com uma bela história.

Algum tempo atrás, eu estava pregando numa igreja maravilhosa no Brasil e ensinei esse conceito de que Deus já nos deu todas as coisas em Cristo. Então, desafiei as 600 pessoas que estavam presentes naquela reunião, dizendo-lhes: "Gostaria que vocês fizessem um teste e vissem se o que ensinei é verdade e funciona. Será muito difícil para vocês, por causa dos hábitos errados que vocês criaram, mas, nas próximas duas semanas, não quero que vocês peçam nada a Deus durante seu período de oração pessoal. Quero que vocês meditem, declarem e creiam, confiando que o que eu lhes ensinei é verdade."

Cerca de uma semana depois, recebi uma mensagem de áudio de uma senhora daquela igreja. Seu filho tinha que fazer um tratamento especial para um problema muito raro, e a cada duas ou três semanas eles tinham que fazer uma viagem de 3 horas para levá-lo ao local onde o tratamento era feito. Se me lembro bem, na quarta-feira seguinte à reunião daquele domingo a mãe teria que levar o filho, mas ela não tinha dinheiro suficiente para o combustível, e ficou muito tentada a se preocupar, orar, implorar e clamar a Deus para que ele lhe desse a provisão. Contudo, ela resistiu à tentação, como eu instruí que fizessem, e fez o que ensinei aqui neste livro.

Na segunda-feira ela começou a mudar sua maneira de orar, e na terça, quando conferiu sua conta bancária, havia mais dinheiro do que o que ela necessitava para o combustível. Ela me mandou uma foto do extrato bancário para mostrar que, na segunda, não havia dinheiro na conta. Ela não tinha a mínima ideia de como o dinheiro havia chegado a sua conta, e o banco também não soube dizer de onde tinha vindo, pois o depósito foi feito em dinheiro. Ela não havia falado a ninguém sobre sua necessidade, simplesmente deixado nas mãos de Deus.

Contudo, para mim, não é misticismo pensar que Deus enviou um anjo para depositar o dinheiro. Posso acreditar que isso é possível porque, cerca de 25 anos atrás, numa época em que eu estava passando por necessidade, um anjo apareceu na minha frente e colocou uma pilha de dinheiro sobre a mesa à qual eu estava sentado. O nome deste livro é *Não há limites*, e sei que se crêssemos de todo o coração e aprendêssemos a nos apropriar pela fé, viveríamos uma vida sem limites.

Capítulo 15

O poder de nossas palavras

Se quisermos ter uma vida sem limitações, devemos aprender a usar nossa língua e fazer as confissões certas. A Bíblia é muito clara sobre o poder das palavras que saem de nossa boca.

Há um consenso geral entre os mestres da Bíblia de que devemos aplicar a lei da primeira menção para interpretarmos e compreendermos a Palavra. Essa lei simplesmente ensina que se quisermos entender qualquer assunto ou palavra na Bíblia, devemos ver onde ele foi mencionado pela primeira vez, então acharemos a chave para aplicá-lo pelo resto da Bíblia. Portanto, onde o ato de falar foi mencionado pela primeira vez na Bíblia? Foi em Gênesis 1.3. Vejamos os primeiros três versículos desse capítulo:

> *No princípio, Deus criou os céus e a terra. A terra, entretanto, era sem forma e vazia. A escuridão cobria o mar que envolvia toda a terra, e o Espírito de Deus se movia sobre a face das águas. Disse Deus: "Haja luz!", e houve luz.* (Gn 1.1-3)

A pergunta é: qual o propósito de Deus falar nessa passagem? Posso garantir que não foi para se comunicar, pois ele não estava se comunicando com ninguém. O propósito dessa fala foi liberar o poder criativo de sua palavra e criar a luz.

Já tive várias experiências com o céu, e uma das coisas mais incríveis sobre ele é que lá não precisamos de palavras para nos comunicar; nós nos comunicamos de espírito para espírito, sem nenhum mal-entendido. Muitos dos que estão lendo este livro, uma hora ou outra, já ouviram Deus falar; contudo, não com palavras audíveis, porque Ele se comunicou diretamente com seu espírito.

Por causa de nossa mente natural e compreensão limitada, tendemos a crer que o principal propósito de falar é se comunicar. Ah, se entendêssemos que as palavras que saem da nossa boca têm o poder de criar!

Aprendendo a falar corretamente

Para termos uma fé que traz resultados, precisamos aprender a confessar corretamente. Devemos aprender a simplesmente dizer o que Deus diz em Sua Palavra, não o que nossas circunstâncias ou sentimentos dizem. Muitos anos atrás, ouvi a seguinte afirmação: "O povo de Deus pode ter o que disser, mas em vez disso, eles dizem o que têm". Acredito que haja uma poderosa verdade nela. Por exemplo, se estiver passando por necessidade financeira ou por enfermidade em sua vida, você precisa escolher quais palavras sairão de sua boca. Se você escolher dizer o que tem, que é necessidade e doença, provavelmente permanecerá nesse estado, porque você tem o que diz. Contudo, você pode fazer uma escolha diferente e, então, terá o que disser, contanto que esteja de acordo com a Palavra de Deus. Tenho lhe mostrado neste livro que a provisão financeira, a prosperidade e a saúde já lhe pertencem em Cristo. Se você começar a declará-las, então terá o que diz.

Eu estava dando aulas sobre fé em um seminário quando uma moça me perguntou se poderia contar uma história. Ela disse que, certa vez, queria simplesmente fazer uma experiência e não tinha certeza se funcionaria ou não. Então pegou dois potinhos e plantou um grão de feijão em cada um. Cuidou de suas plantas exatamente da mesma forma, exceto por uma diferença: as palavras que ela dirigia a elas várias vezes ao dia. À primeira ela dizia palavras como: "Você é tão idiota! Você é muito feia. Você vai morrer. Você nunca vai crescer". Para a segunda planta ela dizia: "Você é linda. Você está crescendo tão bem!" etc.

Para surpresa dela, a primeira planta murchou e morreu, enquanto a outra cresceu perfeitamente.

Em Romanos, lemos que Deus chama à existência aquilo que não existe como se existisse:

> *(como está escrito: Por pai de muitas nações te constituí) perante aquele no qual creu, o Deus que vivifica os mortos e chama à existência as coisas que não existem.* (Rm 4.17 – ARA)

Esse é um lindo versículo que ilustra o poder das palavras criativas de Deus, e se olharmos o contexto, veremos que Paulo está falando de Abraão recebendo seu filho. Devemos compreender que as palavras de Deus têm tanto poder criativo que, do nada, ele pode chamar as coisas à existência. Não é necessário que elas existam no mundo natural e que as percebamos com nossos sentidos naturais. A questão é: elas existem no mundo espiritual, que já é real? Deus não precisa de um ponto de partida para criar algo. Ele é o criador do universo. Quando ele fala, as coisas passam a existir.

Sua boca deve ser a boca de Deus

Se eu lhe perguntasse o seguinte: Você crê que as palavras de Deus têm poder de criar? Tenho certeza de que, agora, você me diria: "Sim, é claro que têm". Então vamos continuar a conversa: "Por que elas têm poder criativo?" Provavelmente sua resposta seria: "Porque são as palavras de Deus". Portanto, já que são as palavras de Deus que carregam o poder criativo, não faz diferença de que boca elas saem. Essa é uma lei espiritual que jamais mudará e funcionará em qualquer circunstância. Se Deus falar qualquer coisa hoje, essas palavras terão o mesmo poder.

Seguindo essa linha de raciocínio, entendemos que, contanto que as palavras faladas sejam dele, elas têm o mesmo poder, independentemente de a quem pertença a boca através da qual são proferidas. O grande evangelista alemão Reinhard Bonnke, que alcançou milhões para Cristo na África, pela fé, construiu a maior tenda do mundo, pregou o evangelho para mais de um milhão de pessoas num único evento, viu todo tipo de milagre que possamos imaginar, inclusive ressurreição de mortos. Eu me lembro de quando ele disse, no início de seu poderoso ministério, que Deus lhe falou: "Minhas palavras em sua boca carregam a mesma autoridade que minhas palavras em minha boca".

Em Hebreus, encontramos outra bela ilustração do poder da Palavra de Deus:

> *Ele, que é o resplendor da glória e a expressão exata do seu Ser, sustentando tudo o que há pela Palavra do seu poder. Depois de haver realizado a purificação dos pecados, Ele se assentou à direita da Majestade nas alturas,* (Hb 1.3)

A expressão "Palavra do seu poder" em hebraico significa "seu poderoso domínio". A Palavra de Deus é tão poderosa que, quando ele a libera, ela não apenas cria, mas sustenta tudo.

Meu próprio testemunho

Lembro-me de que, quando cheguei ao Brasil, fiquei muito frustrado com meu aprendizado da língua portuguesa. Parecia um desafio muito difícil de vencer. Domingo após domingo, eu participava do culto sem ter a mínima ideia do que Pastor Aluízio estava pregando. Muitas pessoas começaram a sentir pena de mim e ficavam me dizendo que português é uma língua muito difícil – um homem me disse que é uma das três línguas mais difíceis de aprender. Como eu cometi o terrível erro de permitir que essas palavras negativas entrassem em meu coração, comecei a acreditar nelas. Quando as pessoas me perguntavam como estava indo meu aprendizado de português, eu confessava com minha boca que estava muito difícil.

Certo dia, eu estava sentado em meu quarto, orando e passando um tempo com Jesus quando, de repente, percebi que caminho terrível eu tinha tomado. Então me levantei num salto, corri para um espelho bem grande, olhei em meus próprios olhos e disse em voz alta e num tom imperativo: "Reinhard, nunca mais essas palavras sairão de sua boca! Nada é difícil porque Cristo vive em mim e eu posso fazer todas as coisas através dele. O Espírito Santo vive em mim e fala todas as línguas do mundo, então, consigo falar português." Naquele instante, literalmente senti como se um interruptor fosse ligado em meu cérebro, e a partir de então comecei a conseguir entender português e a me comunicar.

Um milagre impressionante

Trinta anos atrás, quando plantamos nossa primeira igreja na Áustria, numa cidade de 32 mil habitantes, enfrentamos muitas dificuldades. A Áustria era um país fechado para o evangelho e as igrejas evangélicas eram consideradas uma seita.

Em nossa cidade, havia apenas uma igreja com cerca de 8 pessoas que já estavam lá havia 20 anos, tentando evangelizar a cidade. A imprensa alertava as pessoas para ficarem longe dos cristãos evangélicos, dizendo que faziam parte de uma seita perigosa.

Começamos a evangelizar operando sinais e maravilhas com manifestações do poder de Deus, e logo tínhamos um pequeno grupo de convertidos. Alugamos um salão num hotel para nossas reuniões de domingo pela manhã, mas, após as conversões iniciais, parecia que o crescimento da igreja havia parado. Não conseguíamos trazer mais pessoas aos nossos cultos. Então, quando estávamos orando, Deus falou conosco através do livro de Isaías:

Não temas, pois, porque Eu Sou contigo! Trarei a tua descendência desde o Oriente e te ajuntarei desde o Ocidente. Ordenarei ao Norte: "Dá!"; e ao Sul: "Não retenhas!" Trazei hoje meus filhos distantes, e todas as minhas filhas, das extremidades da terra; (Is 43.5,6)

Naquele momento, precisávamos decidir o que faríamos, então escolhemos concordar com Deus, não com nossas circunstâncias, e declarar com ousadia as mesmas palavras que Ele declarou. Toda vez que nos reuníamos, declarávamos e confessávamos aquelas palavras. Certo dia, reunimos nosso pequeno grupo de membros e andamos pelas ruas da cidade durante horas, declarando essas palavras.

Você se lembra da fórmula P.P.P.B.? Pois usamos esse versículo e aplicamos a fórmula. Nós o declaramos de forma positiva, pessoal e no presente, pois já era bíblico. Andamos pela cidade dizendo: "Somos corajosos e não tememos. Deus é conosco. Ele traz sua descendência desde o Oriente e a ajunta desde o Ocidente. Ordenamos ao Norte: "Dá!"; e ao Sul: "Não retenhas!" Tragam hoje nossos filhos distantes, e nossas filhas, das extremidades da terra".

No domingo seguinte, já havia uma pessoa nova na reunião. Em poucas semanas, as pessoas realmente apareceram, vindas de todos os cantos daquela área, e começaram a entregar a vida para Jesus. Estou convicto de que se tivéssemos orado e continuado pedindo e suplicando a Deus para cumprir esse versículo, não teríamos visto os milagres de conversão.

No próximo capítulo, continuarei tratando deste assunto, do poder de nossas palavras.

Capítulo 16

A importância de nossa confissão

Continuando a falar do poder de nossas palavras, há um conceito importante que precisamos aprender.

Os dois tipos de confissão

Existem dois tipos de confissão, e é importante distinguirmos claramente um do outro. A primeira é a confissão de fé, que a maioria dos cristãos conhece e pratica. Vejamos o que está escrito em 2 Coríntios:

> *Assim está escrito: "Cri, por isso declarei!" Com esse mesmo espírito de fé, nós igualmente cremos e, por esse motivo, falamos.* (2Co 4.13)

Aqui vemos o princípio claro de que primeiro devemos crer, depois, confessar. É importante entender que, uma vez que escolhemos crer e concordar com o que Deus disse, então precisamos confessar fielmente e constantemente o que ele falou. Participei de reuniões em que as pessoas tiveram uma revelação clara do que Deus disse, e verdadeiramente creram e confessaram isso; mas quando as circunstâncias negativas não mudaram tão rapidamente quanto elas queriam, desistiram da confissão, e isso gerou incredulidade no coração delas.

Deus tem me usado a quase quatro décadas no ministério profético, e uma de minhas maiores tristezas nesse ministério é que, muitas vezes, Deus me envia às igrejas para liberar uma palavra profética sobre o pastor e a congregação, mas, meses ou anos depois, quando volto a essas mesmas igrejas, constato que, ao passarem por dificuldades, elas começaram a confessar as circunstâncias em vez de declararem o que Deus disse. Ao fazerem isso, abriram o coração para a dúvida e abortaram a palavra criativa de Deus. Ah, como desejo que o povo de Deus pare de cometer abortos espirituais! Explico isso de forma mais detalhada em meu livro *Todos podem profetizar*.

O segundo tipo de confissão é a que fazemos para convencer nosso próprio coração. E aqui é importante termos o entendimento claro em nosso coração e nossa mente de que jamais confessamos algo no intuito de convencer Deus a fazer qualquer coisa por nós. Não há nada errado na confissão para convencermos nosso coração, contanto que compreendamos claramente a diferença entre ela e a confissão de fé. Se confundirmos as duas, o que muitos cristãos fazem, ficaremos desapontados, confusos e limitados. Se confessarmos algo em que nosso coração não crê de verdade, enganando-nos ao pensar que cremos no que confessamos, então estaremos em grande perigo.

Nunca é demais salientar que todas as nossas confissões devem ser baseadas na Palavra de Deus. Muitas pessoas têm tentado aplicar a confissão positiva em sua vida e têm sofrido muitas perdas.

Deixe-me ilustrar com um exemplo bem prático. Talvez seu coração não creia realmente que você é uma nova criatura totalmente justa em Cristo. Então, você não deve confessar essa verdade porque não crê nela? A resposta é óbvia: Claro que deve! Ainda que não creia, você precisa confessá-la para convencer seu coração.

Talvez você tenha sido criado num sistema muito religioso que lhe ensinou que você poderia facilmente perder sua salvação e aceitação diante de Deus, e que sua justiça depende de suas obras.

Então, quando você começa a declarar verdades bíblicas como, "Sou totalmente justo", "Sou nova criatura" etc, você se sente um hipócrita, principalmente se tiver tido um dia ruim, tiver acabado de pecar ou brigar com seu cônjuge, porque seu coração não crê nessas verdades. Isso acontece porque o que está em sua mente são seus defeitos e fraquezas, em vez de quem você é em Cristo. Porém, não pare de confessar a verdade da Palavra de Deus, porque chegará o momento em que seu coração estará convicto e, então, sua confissão realmente será uma confissão de fé. Quando sentir que sua confissão não é sincera porque você sente algo diferente, simplesmente declare: "Deus disse, então é verdade".

Por que Deus mudou o nome de Abrão e Sarai?

A Bíblia não nos diz porque Deus mudou o nome de Abrão e Sarai, mas entendo que há pistas suficientes que nos levam a uma conclusão clara. Primeiro, vamos dar uma olhada no que está escrito em Gênesis:

> *O seu nome não será mais Abrão, e sim Abraão, porque eu o constituí pai de muitas nações.* (Gn 17.5 – NAA)

> *E determinou Deus a Abraão: "A tua mulher Sarai, não mais a chamarás de Sarai, mas seu nome passa a ser Sara.* (Gn 17.15)

Na cultura hebraica, os nomes eram fundamentais, pois determinavam a identidade das pessoas. Deus disse a Abrão que, a partir daquele momento, ele deveria ser chamado de Abraão. Lembre-se de que o problema de Abrão é que ele estava desesperado para ter filhos, mas não conseguia. Abrão significa "pai elevado", enquanto Abraão significa "Pai de muitos". Sarai significa "princesa", enquanto Sara significa "mãe de nações". Em meu entendimento, Deus lhes disse para mudarem o nome a fim de levar o coração deles a realmente acreditar que seriam pais de muitas nações.

Quando lemos Romanos 4 e Hebreus 11, vemos o relato do homem de fé incrível que Abraão foi, contudo, encontramos uma história bem diferente em Gênesis, onde a vida dele está registrada. Mesmo depois que Deus disse a Abrão que ele seria pai de multidões, no início, ele não acreditou. Ele, como todos nós, teve que passar por sua própria jornada de fé, e creio que Deus aplicou o princípio da confissão para convencer o coração dele.

A primeira vez que Deus falou a Abrão sobre sua futura descendência está registrada no capítulo 12 de Gênesis:

> *Eis que farei de ti um grande povo: Eu te abençoarei, engrandecerei teu nome; serás tu uma bênção!* (Gn 12.2)

Quando Deus promete a um homem que ele se tornará uma grande nação, então é óbvio que, primeiro, ele precisará ter ao menos um filho. Abrão não creu nessa promessa, pois, se tivesse crido, não teria tido medo de morrer, já que seria impossível que isso acontecesse antes de ele ter um filho. Como lemos na história de sua vida, depois de ter recebido a promessa, ele teve tanto medo de perder a vida que deixou que outros homens tomassem sua mulher como esposa. Vejamos o relato:

> *Quando estavam chegando ao Egito, ocorreu a Abrão propor a Sarai, sua esposa: "Escuta com atenção! Tu és uma mulher muito bonita; portanto, quando os egípcios contemplarem tua formosura se alegarão: 'É a mulher dele!' e me matarão, preservando a tua vida. Sendo assim, suplico-te, dize que és minha irmã, para que me tratem bem por consideração a ti e, por tua causa, conservem também a minha vida!"* (Gn 12.11-13)

Mais tarde, em sua incredulidade, ele gerou Ismael. Porém, nos livros de Hebreus e Romanos, os relatos de sua vida nos mostram o homem que ele se tornou depois de alcançar a fé de verdade. Portanto, creio que Deus mudou seu nome a fim de mudar sua confissão, o que, por sua vez, mudou a crença de seu coração.

Lemos os nomes Abrão e Abraão com tanta facilidade, como se quase não houvesse diferença entre eles, porque são nomes em hebraico, mas vamos colocá-los numa linguagem que possamos entender com mais clareza. Vamos supor que conheçamos um casal que não consiga ter filhos. De repente, em obediência à palavra de Deus, eles mudam de nome.

Então, de manhã, ouvimos a esposa chamar o marido estéril: "Pai de muitos, venha tomar café!". E ele responde à mulher, também estéril: "Já estou indo, mãe de nações". Você consegue ver o que Deus fez? Ele basicamente lhes disse para, todos os dias, confessarem o que ele disse como verdade absoluta, embora ainda não cressem nela.

Mesmo que, como lemos no capítulo 18 de Gênesis, Sara tenha rido da ideia de que teria um filho, em Hebreus, lemos que ela conseguiu crer em seu coração e teve forças para conceber (veja Hb 11.11).

No versículo abaixo, vemos novamente a importância da confissão, porque Deus chama as coisas que não são como se já fossem:

O seu nome não será mais Abrão, e sim Abraão, porque eu o constituí pai de muitas nações. (Gn 17.5 – NAA)

Aqui Deus não diz "eu o constituirei pai de muitas nações", mas "eu o constituí pai de muitas nações". Deus coloca o verbo no passado, "eu o constituí", uma ação já concluída.

O que as palavras de Deus fazem?

Primeiramente, como já vimos, as palavras de Deus criam. Fale tudo o que a Bíblia promete sobre sua vida: saúde, proteção, prosperidade, força etc. Eu já vi até mesmo partes do corpo que não existiam serem criadas através da declaração da palavra de Deus. Ela transcende o tempo e nossa dimensão natural, entra em nosso futuro e começa a criar. Então, quando nos encontramos com nosso futuro, vivemos uma vida sem limitações.

Em segundo lugar, as palavras de Deus edificam, como lemos em 1 Coríntios:

Entretanto, quem profetiza o faz claramente para edificação, (1Co 14.3a)

Quando a palavra de Deus é falada sobre as pessoas, ela sempre edifica. Não devemos subestimar seu poder.

Em terceiro lugar, a palavra de Deus determina a identidade. Quantas pessoas têm determinado uma identidade totalmente falsa na vida das outras? Olham para elas, veem seu comportamento e usam as palavras para determinar a identidade delas, dizendo: "Você é preguiçoso demais! Você é um idiota! Você nunca vai aprender", e coisas assim. Essas palavras determinam a identidade das pessoas para quem são ditas. Contudo, Deus nos deu uma identidade diferente, a qual ele declarou sobre cada um de nós. Portanto, terminarei este capítulo mostrando a identidade que Deus declarou sobre você.

> Você é amado e aceito – *"Para louvor da glória de sua graça, pela qual nos fez agradáveis a si no Amado,"* (Ef 1.6 – ACF).
>
> Você é abençoado – *"Bendito seja o Deus e Pai de nosso Senhor Jesus Cristo, que nos abençoou com todas as bênçãos espirituais nas regiões celestiais em Cristo"* (Ef 1.3).
>
> Você é nova criatura – *"E, assim, se alguém está em Cristo, é nova criatura;"* (2Co 5.17 – ARA)

Você é justo – *"Aquele que não conheceu pecado, ele o fez pecado por nós; para que, nele, fôssemos feitos justiça de Deus"* (2Co 5.21 – ARA).

Você é filho de Deus – *"Mas a todos quantos o receberam, deu-lhes o direito de se tornarem filhos de Deus, ou seja, aos que creem no seu Nome;"* (Jo 1.12).

Eu o desafio a tomar uma decisão radical de mudar o que você confessa e, assim, retirar toda limitação de sua vida. Onde quer que você esteja agora, por favor, fique de pé e confesse comigo:

"Pai, eu agradeço porque Sua Palavra é absolutamente verdadeira. Eu tenho o que o Senhor diz que eu tenho e eu sou o que o Senhor diz que eu sou. Eu declaro hoje e continuarei declarando a verdade de Sua Palavra sobre minha vida. Sou abençoado com todas as bênçãos espirituais nas regiões celestiais onde estou assentado com Cristo, portanto, neste dia, eu afirmo, decreto e declaro que todas essas bênçãos que me pertencem se manifestarão em minha vida. Elas se manifestarão em minha saúde, em minhas finanças, meus relacionamentos, minha família e em todas as outras áreas de minha vida. Amém."

Com a ajuda do Espírito Santo, estabeleça fielmente esse hábito de confissão em sua vida.

Capítulo 17

A escolha é nossa

Jesus veio a esta terra por mais de uma razão. Algumas pessoas acreditam que ele só veio para nos salvar de nossos pecados, mas não é verdade. Sabemos que ele também veio para destruir as obras do diabo (veja 1Jo 3.8). Outra importante razão pela qual ele veio, e que muitos cristãos não sabiam, foi para nos mostrar o Pai.

Devemos entender que o conceito de Deus como Pai não existia na mente daqueles que estavam debaixo da Velha Aliança. Na verdade, considerar Deus como Pai era classificado como blasfêmia. Essa é uma das razões pelas quais os fariseus se iraram com Jesus muitas vezes. Ele se dirigia a Deus como seu Pai e, na oração do Pai Nosso, disse aos discípulos para fazerem o mesmo.

Como Jesus veio nos revelar o Pai, devemos nos lembrar de que tudo o que ele fez expressou o coração de nosso Pai no céu. Jesus nos disse:

Retomando a palavra, explanou Jesus: "Em verdade, em verdade vos asseguro, que o Filho nada pode fazer de si mesmo, mas somente pode fazer o que vê o Pai fazer, pois o que este fizer, o Filho semelhantemente o faz. (Jo 5.19)

Em Colossenses 1.15,16, Paulo confirma essa verdade quando diz que Jesus era a imagem do Deus invisível.

Se você realmente quiser conhecer a natureza e o coração de Deus, eu o encorajo a estudar a fundo a vida de Jesus. Você descobrirá que ele amava compassivamente os pecadores, os fracos e os perdidos; ele não condenava as pessoas, ele se importava com elas.

Há algum tempo, Deus começou a falar fortemente comigo através da passagem da multiplicação dos pães e peixes relatada em João 6. Como senti que Deus estava me despertando para algo, passei vários meses lendo, relendo e meditando nesse capítulo. Certa manhã, decidi me levantar cedo e passar a manhã toda, até o meio dia, na presença do Senhor, sem nenhuma distração, e o que Deus me mostrou foi como uma explosão em meu coração. Lembre-se, vemos o Pai em tudo o que Jesus fez, portanto, por favor, leia atentamente este relato de João, sem pressa e em oração:

> *Passado algum tempo, Jesus foi para a outra margem do mar da Galileia, que é o mar de Tiberíades. Então, uma grande multidão o seguia, porque tinham visto os sinais que Ele realizava nos*

enfermos. E Jesus subiu ao monte, e sentou-se ali com seus discípulos. Ora, a Páscoa, uma festa dos judeus, estava próxima. Jesus ergueu os olhos e, vendo uma grande multidão que vinha em sua direção, disse a Filipe: "Onde compraremos pães para lhes dar a comer?" Mas disse isso apenas para o provar, pois Ele bem sabia o que ia fazer. Filipe lhe respondeu: "Duzentos denários não seriam suficientes para que cada um recebesse um pequeno pedaço de pão." Um de seus discípulos, André, irmão de Simão Pedro, disse a Jesus: "Há aqui um rapaz com cinco pães de cevada e dois peixes pequenos; mas de que servem no meio de tanta gente?" Então Jesus disse: "Fazei que o povo se assente"; pois havia muita grama naquele lugar. Assim, assentaram-se os homens em número de quase cinco mil. Jesus pegou os pães e, tendo dado graças, repartiu-os entre os discípulos, e para os que estavam assentados; e da mesma maneira se fez com os peixes, tanto quanto desejaram. E quando estavam fartos, disse Jesus aos seus discípulos: "Recolhei os pedaços que sobraram, para que nada se perca." Assim sendo, eles os ajuntaram e encheram doze cestos com os pedaços dos cinco pães de cevada, deixados por aqueles que haviam comido. (Jo 6.1-13)

Por que Jesus multiplicou a comida?

João não nos disse diretamente por que ele fez isso, mas na multiplicação relatada em Mateus temos o motivo:

> *Chamou Jesus os seus discípulos para dizer-lhes: "Tenho compaixão destas muitas pessoas, pois há três dias permanecem comigo e não têm o que comer. Não quero mandá-las embora em jejum, porque podem desfalecer no caminho".* (Mt 15.32)

Jesus os alimentou simplesmente porque teve compaixão. Quero que você se lembre de que, aqui, estamos falando sobre provisão natural, coisas materiais; essa passagem não está falando de coisas espirituais. Quando Jesus vê sua necessidade material, ele se compadece, o que expressa também o coração do Pai. A provisão de Deus para nós não é motivada pelo que normalmente motiva os homens. Nós damos porque vemos uma necessidade, Deus dá porque ele é generoso. Sua provisão é um reflexo de seu caráter bom e generoso.

Quando começamos a construir orfanatos no Brasil, obviamente havia uma necessidade constante de recursos financeiros. Mas décadas atrás, Debi e eu decidimos que jamais buscaríamos ajuda financeira de homens nem faríamos dívidas; somente Deus deve ser nossa fonte de provisão. Então, certa manhã, em meu tempo com Jesus, ele me disse para ler o salmo 68. Eu li, mas nada específico me chamou atenção. Isso se repetiu por cerca de duas semanas, até que eu disse ao Senhor: "É óbvio que o Senhor está dizendo algo que não estou ouvindo. O que é?" Então ele me disse para ler o versículo 10:

> *em tua bondade, ó Deus, fizeste provisão para os necessitados.* (Sl 68.10b – NAA)

Enquanto eu meditava nesse versículo, o Senhor disse: "Eu jamais quis que você pensasse que eu envio provisão para os órfãos dos quais você cuida para mim porque eles são pobres e passam necessidade. Eu faço isso motivado por minha própria bondade." Pulei da cadeira e, com os olhos marejados de lágrimas, declarei: "Deus, o senhor é bom, sempre bom, somente bom e nada além de bom, então, sempre haverá muita provisão!"

Se não estivermos convictos da bondade de Deus, como conseguiremos crer em sua generosa provisão? Precisaremos de milhões para produzir para Jesus a maior colheita de almas da história, e todos os recursos do céu estão disponíveis para que nós os peguemos. Podemos pegar o quanto necessitarmos para nós e para cumprirmos o propósito de Deus nesta terra.

Deus já decidiu

Naquele dia, passei a manhã toda relendo João 6, a multiplicação de pães e peixes para alimentar os milhares, e várias coisas falaram claramente a meu coração. Uma delas foi que não importa se vemos ou não a manifestação da provisão de Deus em nossa vida, Deus já decidiu ser generoso. Os versículos a seguir mostram isso nitidamente:

> *Jesus ergueu os olhos e, vendo uma grande multidão que vinha em sua direção, disse a Filipe: "Onde compraremos pães para lhes dar a comer?" Mas disse isso apenas para o provar, pois Ele bem sabia o que ia fazer.* (Jo 6.5,6)

Embora Jesus tenha perguntado a Filipe onde comprariam pães, o versículo 6 nos mostra que ele estava apenas testando-o, pois já tinha decidido ser generoso. Deus já decidiu que a generosidade dele pertence a você.

A escolha é nossa

Se Deus já decidiu ser extraordinariamente generoso na vida de seus filhos, então por que tantos cristãos que amam muito a Deus estão passando necessidade?

O que Deus me mostrou naquela manhã através dessa passagem foi uma das revelações mais incríveis que já tive. Pense no que está escrito no versículo 11 e veja a clareza com que ela é mostrada aqui:

> *Jesus pegou os pães e, tendo dado graças, repartiu-os entre os discípulos, e para os que estavam assentados; e da mesma maneira se fez com os peixes, tanto quanto desejaram.* (Jo 6.11)

A Bíblia diz que a comida foi distribuída às pessoas de acordo com o "quanto desejaram", não com o quanto necessitavam. Lembre-se de que Jesus nos mostra o coração do Pai, portanto, o Pai disse que todos podiam receber o quanto quisessem. Portanto, não podemos culpar Deus se não houver provisão abundante em nossa vida. Os únicos culpados somos nós. Isso pode parecer cruel, e eu compreendo que você pense assim, porque, em meus primeiros anos de ministério, nós mesmos mal tínhamos o suficiente para sobreviver. Mas ao olhar para trás, compreendo que a falta de provisão não tinha nada a ver com Deus, era totalmente minha culpa, por causa da falta de revelação, de entendimento e de fé na obra consumada da cruz.

A frase "tanto quanto desejaram", no original, significa "estar decidido ou determinado a pegar grande quantidade". Jesus não decidiu quanto cada pessoa pegaria. A decisão cabia totalmente a eles.

Imagino que entre aquela multidão havia pessoas com diferentes mentalidades e, em seu coração, acreditavam de forma diferente. Se houvesse alguém com mentalidade de pobreza, provavelmente teria ficado pedindo um pouco enquanto os pães e peixes eram distribuídos, esperando conseguir algumas migalhas, e só receberia isso. Alguém com uma autoimagem ruim, que acreditava não ser digno ou que Jesus não queria que ele tivesse abundância, também teria recebido muito pouco. Alguém sem fé, que temesse pegar com ousadia, também teria recebido muito pouco. Mas talvez houvesse alguém que dissesse a si mesmo: "Vou pegar mais que todo mundo. Vou comer até ficar cheio, depois vou levar um pouco para meus amigos e vizinhos, e então vou vender o que sobrar no mercado." E essa pessoa teria tido abundância, porque teria pego tudo isso. Jesus refletia nosso Pai generoso, e ele não decidiu o quanto cada um receberia. Cabia a cada pessoa decidir.

A dolorosa realidade que eu também tive que enfrentar em minha própria vida é que o fato de haver muita ou pouca provisão em nossa vida não tem nada a ver com Deus, mas depende do estado de nosso próprio coração. Sempre teremos o que nosso coração acredita.

Na gramática do idioma original em que essa expressão foi escrita, ela está na forma ativa, e significa "o quanto você pegar e continuar pegando". Estou plenamente ciente de que muitas pessoas pelo mundo têm abusado da mensagem da prosperidade. Muitos têm usado o dinheiro para lucro pessoal, movidos por muita ganância, e permitiram que seu coração fosse tomado pelo amor do dinheiro. Contudo, isso não nos dá o direito de rejeitar ou alterar a Palavra de Deus. Deus é o pai que disciplina seus filhos, não cabe a nós fazer isso ou julgar ninguém. Um dia, todos nós estaremos diante de Jesus e prestaremos conta pessoalmente de nossa vida.

Entrando no descanso

Outro belo aspecto dessa história é que Jesus os fez sentar antes de pegarem a provisão material, como lemos no versículo 10:

> *Então Jesus disse: "Fazei que o povo se assente"; pois havia muita grama naquele lugar. Assim, assentaram-se os homens em número de quase cinco mil.* (Jo 6.10)

Creio que isso fale de entrarmos em seu descanso. Não conseguiremos experimentar a provisão abundante de Deus se ficarmos agitados orando, pedindo e implorando por ela. Devemos entrar no descanso de sua obra consumada, confiando em sua bondade, com plena segurança em nosso coração de que isso é o que ele deseja para nós.

Jesus não viveu na terra usando sua divindade e seu poder divino para operar milagres; ele fez os milagres como homem, pela fé. Portanto, se crermos, também poderemos fazer obras maiores do que as que ele fez. Nesta história, ele nos mostrou como é a apropriação pela fé. No versículo 11, lemos que ele simplesmente pegou os pães e os peixes, deu graças e os distribuiu. Pela ação de graças, ele expressou sua fé e, depois, agiu movido por ela, crendo plenamente na provisão de seu pai.

Um belo testemunho

Poucas semanas antes de começar a escrever este livro, eu estava nos Estados Unidos e me encontrei com um pastor e amigo muito querido. Ele me disse que o proprietário do prédio alugado para a igreja estava lesando-os em 35 mil dólares.

É uma igreja pequena e essa quantia é muito importante para eles. Todas as orações e as conversas com a pessoa que lhes devia o dinheiro não deram resultado, e ele já estava pensando em levar o caso a um advogado. Eu lhe disse que o que o proprietário fez era uma injustiça, era inaceitável.

Então, com palavras simples e aplicando a apropriação pela fé, determinamos que essa questão fosse resolvida na corte do céu. E, segundo ele me disse depois, naquela noite, ele simplesmente continuou declarando, "Está consumado! Está consumado!". Na manhã seguinte, o cheque estava em suas mãos. Ah, se simplesmente entendêssemos que realmente não há limites em nossa vida!

Fazendo algumas escolhas

Por fim, para realmente viver da maneira que lhe ensinei aqui, você deve fazer algumas escolhas importantes. Primeiramente, você deve se livrar da incredulidade do coração e aprender a viver através da apropriação pela fé. Em segundo lugar, deve decidir o que realmente quer. Você está satisfeito com seu estilo de vida neste exato momento? O que você realmente quer, do fundo do coração? Quanto quer? Você quer simplesmente sobreviver? Se for, então é o que você terá.

Quando terminar de responder essas perguntas, anote sua decisão. Eu decidi ser milionário. O desejo do meu coração é distribuir milhões para o Reino de Deus, para missões e para as crianças pobres e sofridas, e também não ter que me preocupar com minha provisão pessoal, mas viver minha vida sem ter que pensar em meu sustento diário, e desfrutar da bondade de Deus.

Em terceiro lugar, você também precisa se posicionar. Posicione-se com ousadia e declare: "Eu me posicionei para receber todos os recursos do céu que me pertencem em Cristo. Deus disse que eu poderia pegar o quanto quisesse, então, não me preocuparei com as finanças, mas terei provisão abundante para desfrutar da bondade de Deus e ser generoso em todas as ocasiões."

A menos que você se posicione ativamente para receber o que Deus já lhe deu, você não experimentará isso. Cerca de 25 anos atrás, fiquei em frente à minha pequena igreja na Áustria e disse: "Eu serei milionário". Nos últimos dois anos, recebemos mais de um milhão de reais de nosso amoroso pai no céu para investir nos lares para crianças.

Em quarto lugar, você deve renunciar, rejeitar e recusar a pobreza. Declare que ela não tem legalidade para estar em sua vida. Em quinto lugar, declare que a obra da cruz já está concluída, consumada. Cristo já pagou por sua provisão. Continue declarando que ela já está pronta de acordo com a obra consumada da Nova Aliança.

Capítulo 18

O jejum na Nova Aliança

Talvez você se pergunte o que jejum tem a ver com um livro sobre não ter limitações, mas eu lhe mostrarei como jejuar remove limitações em nossa vida. Lembre-se do que Deus me disse, que ele não impõe limitações sobre seu povo, mas o próprio povo é que se limita através da incredulidade de seu coração.

Muitas vezes, desde que comecei a ensinar sobre a Nova Aliança, me fizeram a seguinte pergunta: "Ainda precisamos jejuar?" Como a mensagem da graça está se espalhando pelo mundo inteiro, as pessoas que viveram sob a lei durante a vida toda precisam de tempo para se ajustarem. Antes, elas jejuavam movidas por justiça própria ou para tentar receber o favor de Deus, mas, de repente, elas entenderam que são amadas incondicionalmente e que não precisam fazer nada para merecer esse favor. Então, faz sentido acharem que agora, como já têm o favor imerecido de Deus, não precisam mais jejuar. Fico emocionado com os inúmeros testemunhos que recebi de vidas e igrejas inteiras transformadas depois de aceitarem a mensagem da Nova Aliança.

O que tem confundido algumas pessoas que me conhecem relativamente bem é que sou um homem apaixonado pela Nova Aliança, que aceitou plenamente a mensagem da graça, que desfruta do favor e do amor incondicional do Senhor diariamente, e ainda assim, vivo um estilo de vida de jejum. Acredito que isso tenha gerado certa confusão na mente delas, e neste capítulo pretendo esclarecer essas dúvidas.

Nós precisamos jejuar?

Em meu entendimento, não há dúvida alguma de que o jejum precisa fazer parte da vida cristã normal. Em Mateus 6.1-18, Jesus ensinou seus discípulos dentro de um mesmo contexto sobre três importantes aspectos da vida cristã: oferta, oração e jejum. Jesus não separou esses três assuntos, ao contrário, colocou-os dentro de um mesmo ensino aos discípulos. Essa é uma passagem longa, mas a fim de compreendermos plenamente esse assunto, vamos lê-la por inteiro:

> *Evitem praticar as suas obras de justiça diante dos outros para serem vistos por eles; porque, sendo assim, vocês já não terão nenhuma recompensa junto*

do Pai de vocês, que está nos céus. Quando, pois, você der esmola, não fique tocando trombeta nas sinagogas e nas ruas, como fazem os hipócritas, para serem elogiados pelos outros. Em verdade lhes digo que eles já receberam a sua recompensa. Mas, ao dar esmola, que a sua mão esquerda ignore o que a mão direita está fazendo, para que a sua esmola fique em secreto. E o seu Pai, que vê em secreto, lhe dará a recompensa. E, quando orarem, não sejam como os hipócritas, que gostam de orar em pé nas sinagogas e nos cantos das praças, para serem vistos pelos outros. Em verdade lhes digo que eles já receberam a sua recompensa. Mas, ao orar, entre no seu quarto e, fechada a porta, ore ao seu Pai, que está em secreto. E o seu Pai, que vê em secreto, lhe dará a recompensa. E, orando, não usem vãs repetições, como os gentios; porque eles pensam que por muito falar serão ouvidos. Não sejam, portanto, como eles; porque o Pai de vocês sabe o que vocês precisam, antes mesmo de lhe pedirem. Portanto, orem assim: "Pai nosso, que estás nos céus, santificado seja o teu nome; venha o teu Reino; seja feita a tua vontade, assim na terra como no céu; o pão nosso de cada dia nos dá hoje; e perdoa-nos as nossas dívidas, assim como nós também perdoamos aos nossos devedores; e não nos deixes cair em tentação; mas livra-nos do mal [pois teu é o Reino, o poder e a glória para sempre. Amém]!" Porque, se perdoarem aos outros as ofensas deles, também o Pai de vocês, que está no céu, perdoará vocês; se, porém, não perdoarem aos outros as ofensas deles, também o Pai de vocês não perdoará as ofensas de vocês. Quando vocês jejuarem, não fiquem com uma aparência triste, como os hipócritas; porque desfiguram o rosto a fim de parecer aos outros que estão jejuando. Em verdade lhes digo que eles já receberam a sua recompensa. Mas você, quando jejuar, unja a cabeça e lave o rosto, a fim de não parecer aos outros que você está jejuando, e sim ao seu Pai, em secreto. E o seu Pai, que vê em secreto, lhe dará a recompensa. (Mt 6.1-18 – NAA)

Cristão algum jamais duvidaria de que devemos orar e ofertar; contudo, há aqueles que duvidam que devemos jejuar. O fato de Jesus lhes ensinar um só assunto com três pontos diferentes deixa claro para mim que o jejum faz parte da vida cristã tanto quanto a oração e a oferta. Por três vezes Jesus usa a palavra "quando", não "se", em relação a ofertar, orar e jejuar. O que implica claramente que ele espera que seus discípulos pratiquem as três coisas.

Quando*, pois, você der esmola, não fique tocando trombeta nas sinagogas e nas ruas, como fazem os hipócritas, para serem elogiados pelos outros. Em* *verdade lhes digo que eles já receberam a sua recompensa. (v.2)*

*E, **quando** orarem, não sejam como os hipócritas, que gostam de orar em pé nas sinagogas e nos cantos das praças, para serem vistos pelos outros. Em verdade lhes digo que eles já receberam a sua recompensa. (v.5)*

***Quando** vocês jejuarem, não fiquem com uma aparência triste, como os hipócritas; porque desfiguram o rosto a fim de parecer aos outros que estão jejuando. Em verdade lhes digo que eles já receberam a sua recompensa. (v.16)*

O motivo pelo qual Jesus disse "quando vocês jejuarem" é que ele já tinha por certo que seus discípulos jejuariam. Ele simplesmente lhes disse para fazerem isso de forma diferente da cultura e da religião na qual cresceram.

Historicamente, sabemos que os judeus religiosos jejuavam um dia por semana, de um pôr do sol ao outro. Os fariseus, entretanto, querendo parecer mais religiosos, jejuavam dois dias por semana, sempre às segundas e terças-feiras, porque esses eram os dias em que havia feira e as ruas estavam lotadas de gente. Eles passavam algo para empalidecer o rosto e ficavam nas esquinas das ruas onde as feiras aconteciam para que as multidões os vissem. Devemos nos lembrar de que Jesus estava numa cultura judaica, falando aos judeus, portanto, quando ele falou aos discípulos sobre jejum, eles entenderam duas coisas: todo religioso jejuava um dia por semana, e os muito religiosos jejuavam dois dias.

Os discípulos consideravam o jejum como uma prática normal, mas o que foi tão radical no ensino de Jesus é que ele lhes disse para jejuarem de uma forma totalmente diferente.

Quando estudamos a vida de Jesus, vemos que ele constantemente confrontava a religião e a mentalidade religiosa. Por várias vezes ele ofendeu os religiosos ao quebrar o costume de guardar o sábado. Ele interagia com os pecadores em tal nível que era chamado de glutão e beberrão. Contudo, apesar de Jesus ter dado instruções claras sobre a maneira de jejuar e a importância do jejum, creio que, naquela época, seus discípulos não jejuavam. Veremos isso numa passagem mais à frente.

Gosto muito de jejuns prolongados, mas fico triste em ver que, no mundo cristão, parece faltar conhecimento sobre esse assunto. Devemos nos lembrar de que Jesus estava falando a uma cultura onde o jejum era uma atividade semanal regular ao longo de toda a vida. Portanto, creio que seja importante as igrejas fazerem jejuns prolongados em conjunto, mas não concordo que já tenhamos jejuado o bastante e não precisemos jejuar regularmente só porque jejuamos por um longo período duas vezes ao ano. Para mim, isso é tão absurdo quanto dizer: "Oferto uma quantia maior duas vezes ao ano, já basta. Não quero mais ofertar para a igreja este ano." Poderíamos aplicar o mesmo princípio em relação à oração. Não oramos duas vezes ao ano durante três noites e três dias e pronto. Todo cristão deve concordar comigo em relação a isso. Contudo, tratamos o jejum de forma totalmente diferente.

Então, quando Jesus lhes disse, "quando jejuardes", eles entenderam que seria ao menos um, se não dois dias na semana, de um pôr do sol ao outro, dependendo do comprometimento deles. Jesus não disse que havia algo errado com o jejum, apenas com o motivo de jejuarem.

Tenho centenas de experiências sobrenaturais durante longos períodos de jejum, mas vou contar apenas uma delas. Morávamos em Viena, na Áustria, quando Deus me chamou para fazer 40 dias de jejum, sem comida alguma. Então eu disse a Jesus: "Se o senhor precisou dos anjos para ministrarem ao senhor no final do jejum, eu preciso deles no começo do meu".

Era o primeiro dia de jejum. Nosso filho mais novo tinha 9 anos e ia viajar com a turma da escola por uma semana. Nós morávamos a apenas 10 minutos de caminhada da escola que ele frequentava, então, naquela manhã eu disse a meu filho: "Vou levar você até a escola e carregar sua mala; você pode ir levando o cachorro na coleira." Tínhamos um Golden Retriever enorme, forte e musculoso, que pesava 45 kg. Quando ele via outros cachorros grandes, tínhamos que segurá-lo firme para trás porque ele sempre queria brigar com eles.

Nós estávamos andando pela calçada quando um grande pastor alemão veio em nossa direção. Meu filho sabia que não teria força suficiente para segurar nosso cachorro, então me disse: "Pai, vou atravessar a rua e, quando o cachorro tiver passado, eu volto." Ele foi para o outro lado e, quando o outro cachorro foi embora, meu filho começou a atravessar a rua de volta para onde eu estava. Eu chamei nosso cachorro e meu filho teve que enrolar a guia da coleira no pulso, pois o cachorro estava puxando-o em minha direção.

Eu não tinha visto, mas um bonde estava vindo em alta velocidade e estava muito perto dos dois. Meu filho não tinha força para puxar o cachorro de volta, nem conseguia se desvencilhar da guia, então os dois já estavam correndo em minha direção. Em minha mente, eu já vi meu filho e o cachorro mortos, então gritei: "*Jesus!*" E naquele mesmo instante, dois grandes anjos, que eu vi claramente (e depois meu filho me disse que também viu), desceram do céu como um raio, empurraram e seguraram meu filho e o cachorro para trás e salvaram a vida deles.

Lembre-se, eu disse a Deus que precisava dos anjos no início do meu jejum, e isso aconteceu no primeiro dia.

Capítulo 19

O poder do jejum

Continuando o assunto do jejum, vamos observar a vida de Paulo e dos apóstolos na igreja primitiva. Vários versículos mostram que, na igreja primitiva, jejuar era uma prática comum. Paulo nos diz que jejuava frequentemente; os líderes na igreja de Antioquia estavam juntos jejuando e orando, e disso nasceu um grande trabalho missionário; quando constituíram presbíteros, eles jejuaram. Vamos ler estes versículos:

> *Trabalhei arduamente; por diversas vezes, fiquei sem dormir, passei fome e sede, e, muitas vezes atravessei longos períodos em jejum; suportei frio e nudez.* (2Co 11.27)

> *Enquanto serviam, adoravam e jejuavam ao Senhor, o Espírito Santo lhes ordenou: "Separai-me, agora, Barnabé e Saulo para a missão a qual os tenho chamado".* (At 13.2)

> *Então Paulo e Barnabé lhes constituíram presbíteros em cada igreja; e, tendo orado e jejuado,*

eles os consagraram aos cuidados do Senhor, em quem haviam crido. (At 14.23)

O que é jejum?

Jejum, no significado original, é abstinência de comida. Já vi pessoas fazendo jejum de televisão, de internet, de telefone celular, e tenho certeza de que fazer isso é uma ótima disciplina espiritual, contudo, no sentido original, não é considerado jejum, porque jejuar sempre é abster-se de comida. Na cultura hebraica, o jejum era feito sempre de um pôr do sol ao outro.

No Novo Testamento, vemos um padrão muito interessante, que claramente faz do jejum uma disciplina espiritual, não apenas física. O tempo todo, vemos que o jejum está intimamente ligado à oração, o que nos mostra nitidamente que se abster de comida sem passar tempo em oração é, no sentido do Novo Testamento, uma dieta, não um jejum. Vejamos os versículos a seguir:

> *Contudo, essa espécie só se expele por meio de oração e jejum".* (Mt 17.21)

> *Em seguida eles lhe observaram: "Os discípulos de João jejuam e oram com grande frequência, assim*

como os discípulos dos fariseus; no entanto, os teus vivem comendo e bebendo". (Lucas 5.33)

Ao que Cornélio lhe declarou: "Faz hoje quatro dias que eu estava em jejum, orando em minha casa, por volta desta hora, às três horas da tarde. Subitamente, apresentou-se diante de mim um homem com roupas resplandecentes (At 10.30)

Diante disso, depois que jejuaram e oraram, lhes impuseram as mãos e os enviaram. (At 13.3)

Então Paulo e Barnabé lhes constituíram presbíteros em cada igreja; e, tendo orado e jejuado, eles os consagraram aos cuidados do Senhor, em quem haviam crido. (At 14.23)

Coloquei todos esses versículos de propósito, para que você visse que não há sentido algum em fazer jejum sem oração.

Qual a função do jejum?

Essa é uma pergunta muito importante. A resposta da qual tenho convicção em meu coração é que sua função não é fazer Deus mudar de ideia nem mover Sua mão. Sei que podemos citar alguns versículos do Velho Testamento, entretanto, devemos nos lembrar de que aquelas pessoas viviam debaixo de outra Aliança, na qual as bênçãos de Deus dependiam de nossas obras. Por causa da Nova Aliança, Deus já removeu todas as limitações de nossa vida, e as únicas que ainda enfrentamos são as que nós mesmos nos impusemos.

Se o jejum não faz com que Deus se mova a nosso favor, então por que há tantos testemunhos de milagres impressionantes que aconteceram depois que as pessoas oraram e jejuaram? Como lhe mostrarei, o jejum não muda Deus, pois ele não precisa ser convencido a se mover em favor de seus filhos amados. O jejum muda nosso próprio coração incrédulo e nos ajuda a ativar a fé de Deus dentro de nós. É a ativação da fé como um grão de mostarda que fazemos através do jejum e da oração que libera os milagres. Não tem nada a ver com Deus, mas com nossa fé. Porque não é Deus quem nos impõe limitações, mas a incredulidade em nosso coração. A obra da cruz e a Nova Aliança são perfeitas e completas.

Motivos errados para jejuar

Não tenho dúvida de que jejuns prolongados e um estilo de vida de jejum, isto é, um ou dois dias semanais, trazem benefícios incríveis. Mas antes de mostrar a função do jejum e como ele remove as limitações de nossa vida, preciso mostrar algumas razões pelas quais não devemos jejuar. Caso contrário, as pessoas podem entender o poder que o jejum libera dentro de nós e ficarem tendenciosas a jejuar pelas razões erradas, caindo na justiça própria, que é muito prejudicial.

Não devemos jejuar com o intuito de vencer a carne. Imagino que isso mexa com a cabeça de algumas pessoas. Eu mesmo já ouvi um bom número de pregações dizendo que, ao jejuar, enfraquecemos a carne e fortalecemos o espírito. Meu coração se entristece quando ouço mensagens assim, pois isso é um desacato à cruz. Quando falamos sobre a carne, estamos falando de nossa natureza pecaminosa, que não pode ser enfraquecida através do jejum por uma razão muito simples: nossa velha natureza foi crucificada com Cristo, sepultada com ele e ressuscitada em novidade de vida. Como podemos matar de fome um homem morto? É impossível. Vencemos o pecado crendo plenamente na vitória da cruz sem acrescentar a ela obra alguma, nem mesmo o jejum.

Jamais devemos orar a fim de alcançar o favor de Deus. Não há nada que possamos fazer na vida para que Deus nos ame mais. Deus não fica impressionado conosco simplesmente porque jejuamos por um longo tempo. Na verdade, creio que se realmente entendêssemos a graça, jejuaríamos ainda mais, mas como resposta à graça dele. Então nossa motivação seria correta, não errada. Paulo expressou perfeitamente sua resposta à graça, quando disse:

> *Mas, pela graça de Deus, sou o que sou. E a sua graça para comigo não foi inútil; antes, trabalhei mais do que todos eles; todavia, não eu, mas a graça de Deus que vive em mim.* (1Co 15.10)

Jamais devemos jejuar com a intenção de impressionar outras pessoas. É exatamente quanto a isso que Jesus nos adverte. Sei que perdemos peso quando fazemos um jejum prolongado, e é óbvio que as pessoas notam, mas não devemos nos preocupar com isso. Jesus não disse que não teremos recompensa se as pessoas virem que estamos jejuando. O que ele disse foi que se jejuarmos para que as pessoas vejam, então não teremos recompensa. Somente nós e Deus podemos julgar a motivação de nosso coração.

Além disso, jejuar a fim de perder peso é uma razão totalmente errada para o jejum. Se você está acima do peso, o que precisa fazer é mudar seu estilo de vida, não fazer um jejum prolongado para emagrecer. Esse é um tiro que sairá pela culatra, porque, de qualquer forma, você recuperará o peso rapidamente depois.

Jejuar com o intuito de convencer Deus a nos dar algo ou fazer algo por nós é uma razão comum, porém, errada. Deus já nos deu tudo em Cristo Jesus. Lembre-se do que Deus me disse: "Meus filhos passam o dia todo tentando me convencer a lhes dar as coisas, enquanto eu passo o dia todo tentando convencê-los de que eu já lhes dei tudo em Cristo".

A última razão que não devemos usar para jejuar é para ter mais autoridade sobre o diabo. Se a autoridade sobre o diabo dependesse de nosso jejum, teríamos um evangelho de obras. Na cruz, Jesus derrotou satanás e nos entregou gratuitamente sua autoridade.

Por que devemos jejuar?

Se nosso jejum não influencia Deus de forma alguma, então por que devemos jejuar? Eu lhe darei algumas razões pelas quais precisamos jejuar. A primeira e mais importante é que jejuar muda nosso próprio coração. Deus nos deu todas as coisas, contudo, se nosso coração não estiver sensível o suficiente para ouvir sua voz e aprender a ter acesso a elas, será de pouco proveito.

Mas a passagem de Mateus 17.21, onde Jesus diz que "essa espécie só se expele por meio de oração e jejum", tem confundido muitos cristãos. Eles concluíram que somente com jejum e oração é que alcançamos autoridade suficiente sobre demônios "de alta patente", mas vamos analisar esse versículo dentro do contexto.

> *Ao chegarem onde se reunia a multidão, um homem aproximou-se de Jesus, ajoelhou-se diante dele e clamou: "Senhor, compadece-te do meu filho, pois tem sofrido horrivelmente com ataques epiléticos. Muitas vezes cai no fogo, e outras tantas, na água. Apresentei-o aos teus discípulos, mas eles não conseguiram curá-lo". Então Jesus exclamou: "Ó geração sem fé e perversa! Até quando estarei convosco? Até quando vos terei de suportar? Trazei-me aqui o menino". E Jesus repreendeu o demônio; este saiu do menino, que daquele momento em diante ficou são. Então os discípulos chegaram-se a Jesus e, em particular, lhe perguntaram: "Por qual motivo*

não nos foi possível expulsá-lo?" E Ele respondeu: "Por causa da pequenez da vossa fé. Pois com toda a certeza vos afirmo que, se tiverdes fé do tamanho de um grão de mostarda, direis a este monte: 'Passa daqui para acolá', e ele passará. E nada vos será impossível! Contudo, essa espécie só se expele por meio de oração e jejum". (Mt 17.14-21)

Os discípulos tentaram expulsar o demônio, mas não conseguiram. Então Jesus chegou e o demônio teve que sair imediatamente. Isso incomodou os discípulos e eles quiseram saber por que não haviam conseguido. Mas é muito simples: eles fizeram uma pergunta clara e Jesus lhes deu uma resposta muito clara, que se encontra no versículo 20.

E Ele respondeu: "Por causa da pequenez da vossa fé. *Pois com toda a certeza vos afirmo que, se tiverdes fé do tamanho de um grão de mostarda, direis a este monte: 'Passa daqui para acolá', e ele passará. E nada vos será impossível!* (Mt 17.20 – grifos nossos)

Precisa ficar mais claro do que isso? Jesus lhes disse que eles não conseguiram expulsar por causa da "pequenez da fé" deles, ou seja, da incredulidade. E pronto! Ele não disse que foi por causa da incredulidade e da falta de jejum e oração. Ele disse simplesmente por causa da incredulidade.

Depois, continuando no versículo 20, observamos que ele lhes dá uma lição sobre a fé do tamanho de um grão de mostarda, e conclui: "se tiverdes fé do tamanho de um grão de mostarda [...] nada vos será impossível!". Aqui vemos uma vida sem limitações.

O que confunde muitos cristãos é o que Jesus acrescenta no versículo 21, quando diz: "Contudo, essa espécie só se expele por meio de oração e jejum". Obviamente, Jesus não poderia se contradizer, quer fosse incredulidade ou não. Para mim, fica muito claro que Jesus já tinha mudado de assunto, passado de demônios para fé e incredulidade. Agora, ele está falando de uma incredulidade que imporá limitações a nossa vida e que sucumbirá sob a pressão de fortalezas demoníacas.

Quando ele diz "essa espécie" não está se referindo a "essa espécie de demônio", mas "essa espécie de incredulidade". Podemos usar "essa espécie" de várias maneiras, como essa espécie de café, essa espécie de dinheiro, essa espécie de demônio ou essa espécie de incredulidade.

Então, como Jesus já tinha deixado claro que o problema era a incredulidade que estava profundamente arraigada no coração dos discípulos, ele estava se referindo a essa espécie de incredulidade.

Quando Jesus apareceu, ele já estava descontente com a incredulidade deles, como vemos no versículo 17:

> *Então Jesus exclamou: "Ó geração sem fé e perversa! Até quando estarei convosco? Até quando vos terei de suportar?* (Mt 17.17)

É quando aprendemos a nos conectar intimamente com Deus através do jejum e da oração que essa incredulidade é eliminada de nosso coração.

Desde criança, tenho um profundo desejo de andar no sobrenatural, mas não havia ninguém que pudesse me ensinar sobre a fé que move montanhas (que é a fé como uma semente de mostarda), já que quase todas as igrejas eram pequenas, religiosas e cheias de incredulidade. Então, de forma intuitiva, senti-me atraído pelo Espírito a criar um hábito intensivo de jejum. À medida que eu fui jejuando, meu coração foi mudando gradualmente, até que a incredulidade começou a sair de meu coração. Os milagres começaram a aumentar, não porque Deus tenha respondido a meu jejum, mas porque livrei meu coração da incredulidade. Aqueles milagres sempre estiveram disponíveis para que eu os recebesse, porque Cristo já pagou por eles.

Capítulo 20

Uma nova geração se levanta

Antes de falar sobre essa nova geração que está se levantando, preciso concluir nossa lição sobre jejum. Vamos completar o argumento do capítulo anterior, de que a espécie mencionada por Jesus não se referia à espécie de demônio, mas de incredulidade. Deixe-me dar outra prova disso. Quando os discípulos andaram com Jesus, eles não fizeram milagres, apenas viram Jesus fazer. Só encontrei um registro, que está no evangelho de Mateus, onde Jesus os comissionou especificamente e os enviou para pregar e fazer milagres.

> *Assim, a esses doze homens, enviou Jesus com as seguintes recomendações: "Não vos encaminheis aos gentios, nem entreis em cidade alguma dos samaritanos. Antes, porém, buscai as ovelhas perdidas da casa de Israel. E, à medida que seguirdes, pregai esta mensagem: O Reino dos Céus está a vosso alcance! Curai enfermos, purificai leprosos, ressuscitai mortos, expulsai demônios. Graciosamente recebestes, graciosamente dai.* (Mt 10.5-8)

Essa experiência aconteceu antes de os discípulos serem confrontados com a situação de Mateus 17, do menino endemoniado. Particularmente, creio que quando Jesus os enviou, eles não fizeram milagres usando sua própria fé, mas estavam simplesmente se movendo na autoridade delegada de Cristo naquele momento. Então, quando tiveram que encarar essa situação difícil com o menino, estavam muito orgulhosos de si mesmos, pensando que poderiam fazer novamente o que haviam feito antes. Contudo, agora, o milagre dependia da fé deles (que eles não tinham). Foi por isso que Jesus os repreendeu por sua incredulidade.

Mais motivos para jejuar

O jejum também é um sinal de nossa consagração. Eu não jejuo para obter algo de Deus, mas para mostrar minha vida de consagração a ele, o único digno. Quando perguntaram a Jesus por que seus discípulos não jejuavam, enquanto os fariseus e os discípulos de João Batista o faziam regularmente, sua resposta, como sempre, foi a mais bela. Essa passagem se encontra no evangelho de Mateus.

> *Então, chegaram os discípulos de João e lhe perguntaram: "Por que jejuamos nós, e os fariseus,*

muitas vezes, e os teus discípulos não jejuam?" Respondeu-lhes Jesus: "É possível que os amigos do noivo fiquem de luto enquanto o noivo ainda está com eles? Dias virão, quando o noivo lhes será tirado; então jejuarão. (Mt 9.14,15)

A palavra "luto", usada aqui, significa "tristeza gerada pela perda", como quando perdemos um ente querido e ficamos de luto por sua morte. Não sei quanto a você, mas do fundo do meu coração, eu clamo "Maranata, vem querido Senhor Jesus!". Ele não está fisicamente presente, caminhando em nosso meio neste momento. O noivo está ausente. Jesus disse que eles jejuariam quando ele tivesse partido, como um sinal de que desejavam sua volta.

Uma das razões pelas quais jejuo é para expressar meu profundo amor e desejo por meu noivo. Meu coração sente saudade do céu. Lá no fundo, eu gemo porque desejo estar eternamente unido ao amado da minha alma. Muitas vezes, quando estou em jejum, o desejo por ele é muito maior do que o desejo por comida.

Humilhando-se diante de Deus

No livro de Esdras, lemos que jejuar é humilhar-se diante de Deus:

> *Então, apreguei ali um jejum junto ao rio Aava, para nos humilharmos perante o nosso Deus, para lhe pedirmos jornada feliz para nós, para nossos filhos e para tudo o que era nosso.* (Ed 8.21 – ARA)

Humilhar-nos significa nos prostrarmos e admitir que somos necessitados. Precisamos nos lembrar constantemente de quão intensamente necessitamos da graça abundante de Deus. Como Pedro nos adverte, os orgulhosos sofrem oposição, mas os humildes recebem graça:

> *Do mesmo modo, jovens, sede submissos aos mais velhos. E, todos vós, igualmente, tratai com humildade uns aos outros, porquanto, "Deus se opõe aos orgulhosos, mas concede graça aos humildes".* (1Pe 5.5)

A disciplina física

A última razão que gostaria de lhe dar para jejuar é que o jejum é uma disciplina física importante. O jejum não disciplina nossa natureza pecaminosa carnal, mas disciplina, sim, nosso corpo. Acredito firmemente numa disciplina física rigorosa. Creio que, sem ela, não podemos desfrutar de tudo o que já nos pertence em Cristo, e isso nos limitará. Paulo foi um grande exemplo nessa área, como ele conta na carta aos coríntios:

> *Mas esmurro o meu próprio corpo e faço dele meu escravo, para que, depois de haver pregado aos outros, eu mesmo não venha a ser reprovado.* (1Co 9.27)

Quando comecei a ensinar sobre a obra consumada da cruz, as pessoas me disseram: "Não precisamos nos disciplinar já que, agora, tudo é pela graça e já nos foi dado através da Nova Aliança". Mas eu discordo veementemente. Por exemplo, se Bill Gates lhe entregar seu cartão de crédito e lhe der tudo o que ele tem, você pode reagir de duas maneiras: 1) Você pode acordar tarde, ficar de pijama o dia todo assistindo televisão e comendo pipoca, mas, assim, nunca desfrutará de tudo o que recebeu; 2) Você pode ser disciplinado, acordar cedo, fazer uma lista de tudo o que você quer tomar posse hoje usando o cartão de crédito e sair de casa – você pode passar o dia comprando uma casa nova, um carro novo e tudo o mais de que precisar para ter uma ótima vida. Tudo já lhe foi dado, mas você precisa se apropriar. Prefiro ser a segunda pessoa.

David Yonggi Cho, pastor fundador da maior igreja do mundo, com mais de um milhão de membros, ficou conhecido por sua disciplina física rigorosa. Ele se recusava a participar de reuniões sociais tarde da noite para que conseguisse acordar cedo para orar. Sei disso porque o homem que o treinou e ordenou ao ministério, e o enviou para plantar uma igreja, também foi um dos meus mentores espirituais por muitos anos. Ele morou na Coreia por cerca de 30 anos e, depois, fez parte de minha igreja na Áustria, onde trabalhamos juntos por muitos anos. Ele teve muita influência sobre minha vida e eu o ouvia atentamente quando ele me falava sobre a vida de Yonggi Cho.

Uma nova geração se levanta

Tenho uma convicção forte e profunda que é baseada tanto no estudo da Bíblia quanto em diversos encontros proféticos que tive com o Senhor. Creio que a volta de Cristo está mais próxima do que pensamos, mas, antes do fim, experimentaremos a maior colheita na história da humanidade. A geração que está se levantando se moverá rapidamente, permanecerá focada em sua tarefa, andará em total obediência ao Senhor, trabalhará junto com os anjos e estará disposta a renunciar à própria vida por amor a Cristo. Eles

andarão sem limitação alguma, pois sua interação com o reino espiritual, inclusive com o céu, será tão natural quanto a interação com o reino natural. Eu tive uma visão clara dessa geração há mais de 30 anos.

Devemos ter em mente e sempre nos lembrarmos de que o Senhor não está nos ensinando a ter uma vida sem limitações para nosso próprio proveito. O resultado natural de aprender a viver como ensinei neste livro será ter prosperidade, saúde e vencer facilmente os desafios, mas esse não é o propósito principal. O maior propósito, o principal, será fazer parte dessa nova geração que está começando a se levantar agora. Meu coração arde para ser parte dessa geração e espero que o seu também. Se esse também for o desejo de seu coração, eu o encorajo a deixar o livro de lado neste exato momento, colocar-se de joelhos como sinal de humildade diante do Senhor, e começar a clamar com todo o seu coração, dizendo ao Senhor que você também deseja fazer parte dessa geração. Diga a ele que você está disposto a fazer o que for preciso para fazer parte disso, até mesmo a entregar sua vida por amor a ele.

Romanos 8 deve ser um dos capítulos mais poderosos da Bíblia, e está cheio de revelações incríveis e de uma teologia perfeita, tudo reunido em um só capítulo. Cristãos pelo mundo todo têm encontrado consolo em declarações contidas nesse capítulo, como: "já não há condenação"; "mas recebemos o Espírito de adoção, por meio do qual clamamos: 'Aba, Pai'", "o próprio Espírito intercede por nós"; "todas as coisas cooperam para o bem daqueles que amam a Deus"; "Se Deus é por nós, quem será contra nós?"; "somos mais que vencedores" e "nada poderá nos separar do amor de Deus". Mas um versículo tem me chamado a atenção por muito tempo:

> *A ardente expectativa da criação aguarda a revelação dos filhos de Deus.* (Rm 8.19 – ARA)

Existe uma criação que está em ardente expectativa, isto é, esperando ansiosamente que os filhos de Deus sejam revelados. A palavra original traduzida como "criação" nesse versículo é a mesma usada em Marcos 16.15, onde Jesus nos diz para pregarmos o evangelho a toda "criatura".

Sabemos que "criatura" aqui significa "pessoas", portanto, todos os perdidos neste mundo para os quais somos chamados a pregar o evangelho estão aguardando ansiosamente por algo, sem saberem o que é. Eles estão esperando que esse exército se levante, isto é, a revelação dos filhos de Deus. Enquanto isso, estão tentando desesperadamente satisfazer o desejo de seu

coração com todas as coisas pecaminosas que o

mundo lhes oferece.

Precisamos entender que devemos fazer a transição, deixando de ser simplesmente cristãos que vão evangelizar e passando a ser filhos de Deus revelados que andam na autoridade do céu. O apóstolo João nos diz isso:

> *Quem declara que permanece nele também deve andar como Ele andou.* (1Jo 2.6)

Se fomos chamados para andar como Jesus andou, você não acha que deveríamos viver uma vida sem limitações? Jesus não foi limitado por nada na terra. Quando precisou de provisão, ele simplesmente agradeceu ao Pai e o milagre da multiplicação aconteceu. Quando a tempestade ameaçou, ele simplesmente exerceu autoridade sobre a natureza. Ele curou os doentes, expulsou demônios, interagiu com anjos e andou sobre as águas. Esse exército que está se levantando andará como Jesus andou. Em todas as crises que

enfrentamos, devemos parar de buscar solução no natural e, em vez disso, andar em apropriação pela fé. João vai mais longe com seu desafio para nós, de andar como essa nova geração:

> *Dessa forma, o amor é aperfeiçoado em nós, a fim de que tenhamos total segurança no Dia do Juízo, pois, assim como Ele é, nós semelhantemente somos nesse mundo.* (1Jo 4.17)

Aqui, ele não nos diz que somos neste mundo assim como Jesus *era*, no passado. Ele coloca o verbo no tempo presente. Sabemos que, na época em que isso foi escrito, Jesus tinha ressuscitado e já estava sentado à direita de Deus, muito acima de toda autoridade, poder e domínio. O que João está nos dizendo é que somos (*agora*, no presente) neste mundo, assim como Jesus é (*agora*, no presente).

É tempo de esta geração se levantar na autoridade e no poder que Deus já lhes deu. Jesus delegou sua autoridade a nós. Se estivéssemos exercendo nossa autoridade no mundo, ele seria um lugar muito diferente agora. Essa geração que está se levantando andará na autoridade que Deus lhe deu e liderará a maior colheita na história da humanidade e, finalmente, precederá o retorno do nosso Senhor.

Capítulo 21

Ações de graças

Leiamos juntos essa poderosa passagem:

Celebrai com júbilo ao Senhor, todas as terras. Servi ao Senhor com alegria, apresentai-vos diante dele com cântico. Sabei que o Senhor é Deus; foi ele quem nos fez, e dele somos; somos o seu povo e rebanho do seu pastoreio. Entrai por suas portas com ações de graças e nos seus átrios, com hinos de louvor; *rendei-lhe graças e bendizei-lhe o nome.* (Sl 100.1-4 – ARA – grifos nossos)

Como entramos na presença do Senhor? Com louvor e ações de graças. É a escolha de agradecer e louvar a Deus em TODAS as circunstâncias de nossa vida que nos leva diretamente a sua presença "manifesta". Se agradecer nos leva a sua presença manifesta, então, reclamar nos afasta dela. Como na Nova Aliança o Senhor habita dentro de nós, isso se aplica da seguinte maneira: através das ações de graças e do louvor, nós nos conectamos com sua presença.

Já tive várias experiências proféticas em

minha vida, incluindo algumas em que fui levado ao céu. No mundo espiritual existem sons, cores e aromas que nem imaginamos que existam, e nossa vida exala aromas que atraem ou repelem demônios. Esses odores são liberados por nossas ações e atitudes, até mesmo por nossos pensamentos. Quando vivemos em obediência à Palavra de Deus, nosso espírito libera perfumes. Por outro lado, a reclamação libera um mau cheiro terrível de nossa vida e não conseguimos senti-lo com nosso nariz natural, mas o mundo espiritual pode senti-lo muito bem. Todo mau cheiro que emana de nós atrai atividade demoníaca, porque o reino deles é de escuridão e um fedor terrível, então eles se sentem em casa nesse tipo de ambiente.

Muitas vezes, as pessoas perguntam se o diabo pode ler nossa mente, mas ele não precisa, pois estamos constantemente liberando odores e, por meio deles, ele sabe o que está acontecendo dentro de nós. Como mencionei, a reclamação tem um cheiro terrível que atrai a atividade demoníaca, mas em minha opinião e por experiência própria, um dos piores cheiros que existe é o da autopiedade. Devemos evitar esse cheiro a qualquer custo. Mas nossa vida também exala fragrâncias incrivelmente agradáveis que atraem os anjos e fazem os demônios correrem. Uma delas é o aroma do louvor e das ações de graças, principalmente quando é exalado em meio às dificuldades. O inimigo não consegue suportar essa deliciosa fragrância; ela o deixa terrivelmente incomodado e faz com que ele fuja.

A Bíblia é cheia de versículos que nos dizem para ter uma vida plena de louvor e ações de graças, não apenas nos tempos bons, quando temos tudo o que queremos, mas SEMPRE! Esse deve se tornar nosso estilo de vida para que uma reação de agradecimento brote automaticamente em nosso coração e em nossos lábios em todas as circunstâncias da vida. Vejamos mais alguns versículos que são muito claros:

> *enraizados e edificados nele, firmados na fé, como foram ensinados,* transbordando de gratidão. (Cl 2.7 – NVI)

Ele não só nos diz para agradecermos, mas para transbordarmos de gratidão. "Transbordar", neste contexto, significa "ter de sobra". Veja este versículo a seguir, que também é muito claro:

> *Perseverai na oração, vigiando com ações de graças.* (Cl 4.2)

Quantos cristãos perseveram na oração, porém, não nas ações de graças? Isso nos leva a uma oração focada no problema, não na solução. Quando vivemos num estado radical e constante de gratidão, deixamos de focar o problema que enfrentamos no momento e passamos a focar a obra consumada da cruz.

As ações de graças e o louvor são como uma balança; eles precisam estar equilibrados. Se sua vida de oração se resume a pedir, ela está desequilibrada. Muitas vezes, as pessoas não veem a resposta de suas orações porque a falta de gratidão fez com que o coração ficasse muito focado nas dificuldades, deixando que a incredulidade entrasse, e elas nem perceberam. Mantenha sua balança equilibrada, agradeça a Deus, sempre! Comece seu tempo de oração com ações de graças em abundância! Eu estabeleci esse hábito há muitos anos, e quando eu e minha esposa, Debi, oramos juntos, passamos muito tempo agradecendo por tudo o que pudermos imaginar.

Posso contar inúmeras histórias sobre o poder das ações de graças e os incríveis milagres ligados a elas, mas vou contar apenas uma.

Quando Deus nos disse para nos mudarmos dos Estados Unidos para o Brasil, tínhamos uma casa lá que precisávamos vender. Havíamos comprado a casa apenas 7 anos antes, e pagávamos a hipoteca mensalmente ao banco. Quando tentamos vendê-la, nós nos deparamos com um problema: o mercado imobiliário estava muito ruim porque a economia norte-americana tinha passado por uma crise. Colocamos nossa casa à venda e, durante seis meses, ninguém nem mesmo a visitou.

Nós nos mudamos para o Brasil e a casa não foi vendida. Então, tínhamos que pagar a hipoteca todo mês, sem morar na casa nem ter renda nos EUA. Já tínhamos abaixado o preço por três vezes, e se reduzíssemos mais, perderíamos dinheiro na casa, ou seja, não teríamos mais o imóvel e ainda teríamos que pagar as parcelas ao banco todo mês.

Quando eu estava orando sobre a venda da casa, o Senhor falou claramente comigo através de 1 Tessalonicenses 5.16-18, que diz: *"Regozijai-vos sempre. Orai sem cessar. Em tudo, dai graças, porque esta é a vontade de Deus em Cristo Jesus para convosco"*. Ele disse: "Você tem orado, mas não tem se alegrado nem agradecido. Orar é uma parte, mas as outras duas são se alegrar e agradecer. Você acha que não eu escutei da primeira vez que você me pediu para vender a casa?"

Em meu coração, decidi que não oraria mais sobre isso, simplesmente escolheria me alegrar e agradecer, e deixar tudo nas boas e poderosas mãos do Senhor. Dois dias depois, duas pessoas queriam comprar a casa e ofereceram para pagar o preço integral, o que não é comum, porque normalmente elas negociam. A senhora que quis comprar a casa assinou o contrato com a ressalva de que queria que a casa fosse inspecionada e, apenas se estivesse tudo bem, ela fecharia negócio. Isso é muito comum nos EUA. Então, ela contratou uma empresa que inspecionou cada detalhe da casa e me mandou uma lista de coisas a consertar totalmente absurda, pois a casa estava em bom estado, e me disse que só compraria a casa se eu consertasse tudo o que ela havia solicitado.

Quando olhei para aquela longa lista, meu primeiro sentimento foi de frustração, porque se eu consertasse tudo aquilo, perderia dinheiro na casa. Mas contra todo sentimento natural e mentalidade religiosa, eu me recusei a orar sobre isso e simplesmente fiquei andando e agradecendo pelo e-mail que eu tinha recebido. Fiquei falando: "Senhor, Sua Palavra diz que eu devo dar graças em

TUDO, então, vou obedecer a Sua Palavra e continuar agradecendo por esse e-mail terrível."

A corretora que estava vendendo a casa para nós contratou um empreiteiro que sempre consertava as coisas em nossa casa quando morávamos lá, para me dar um orçamento de tudo o que precisava ser consertado. Poucos dias depois, recebi um e-mail dela me informando quanto custaria. Era uma quantia muito alta, de milhares de dólares, e no final do e-mail, estava escrito: "Mas o empreiteiro disse que fará de graça, e pagará também o material necessário".

Posso contar inúmeras histórias como essa de milagres que aconteceram quando decidi obedecer a Deus e simplesmente dar graças em TUDO.

Temos feito tantas coisas ao contrário em nossa vida cristã! Normalmente, nos alegramos e damos graças DEPOIS que as coisas deram certo para nós, mas de modo algum é assim que a Bíblia nos ensina, nem é assim que expressamos nossa fé. Nossa gratidão não deve depender das circunstâncias, ao contrário, deve ser totalmente independente delas, porque servimos a um Deus todo-poderoso e porque precisamos obedecer às instruções da Bíblia, que nos diz para sempre darmos graças. Geralmente, quando acontece algo bom, as pessoas dizem: "Deus é tão bom!" Sim, ele é, mas isso não tem nada a ver com nossas circunstâncias. Nossos lábios e nosso coração

precisam declarar isso constantemente, simplesmente porque ele é bom!

Há outro versículo bíblico que muitos pastores não aceitam, e quando eu ainda estava na escola bíblica, em 1982, um dos professores tentou me convencer de que esse versículo não pode ser tomado ao pé da letra. Vejamos o que está escrito em Efésios:

> *e cotidianamente dando graças **por** tudo a Deus, o Pai, em o Nome de nosso Senhor Jesus Cristo, (Ef 5.20)*

Na gramática grega, esse texto está na voz ativa, o que significa que não tem nada a ver com sentimento, mas é uma escolha que fazemos. Aqui fica muito claro que nós não só devemos dar graças EM tudo, como lemos em Tessalonicenses, mas também POR tudo. Muitas vezes, as pessoas tentam me convencer de que não devemos dar graças PELAS coisas ruins que acontecem em nossa vida, mas apesar delas. Não concordo em mudar a Bíblia só porque algo nela incomoda. É nossa vida que precisa mudar e se adaptar ao que a Bíblia diz. Se cremos que Romanos 8.28 é verdade, que TODAS AS COISAS cooperam para nosso bem, então também podemos dar graças POR tudo. Se não agradecemos POR tudo, duvido que

realmente acreditemos que TODAS AS COISAS cooperem para nosso bem.

    Estou terminando este capítulo, certo de que sua vida já está sendo transformada a essa altura, porque você já removeu as limitações de sua vida, mudou sua maneira de orar, aprendeu a viver pela apropriação pela fé e criou o hábito de sempre agradecer por tudo.

    O céu é um lugar de louvor e ações de graças, sem reclamação alguma, e já que estou a caminho de lá, decidi começar a praticar desde agora o modo como viverei lá. Isso não só é uma ordem bíblica, mas também faz algo mais: já libera a atmosfera do céu aqui na terra, o que é maravilhoso. Você consegue imaginar como este mundo seria se nenhum cristão jamais reclamasse de nada, mas sempre desse graças a Deus? Seríamos muito mais atraentes para este mundo perdido.

Vejamos outro versículo:

Antes de tudo, recomendo que se façam súplicas, orações, intercessões e ações de graças, em favor de todas as pessoas; pelos reis e por todos os que exercem autoridade, para que tenhamos uma vida tranquila e pacífica, com toda a piedade e dignidade. (1Tm 2.1)

Paulo disse que não só deveríamos orar por nossos governantes, mas também agradecer por eles. Paulo viveu debaixo de governos muito corruptos que perseguiam os cristãos, contudo, inspirado pelo Espírito Santo, ele escreveu que devemos agradecer por eles. Tenho ouvido muitos amigos cristãos reclamarem do governo corrupto e interesseiro, mas não ouvi nenhum deles agradecendo por ele. Não temos o direito de reclamar de nosso governo, não importa o quanto ele seja corrupto, pois isso claramente vai contra o que a Bíblia ensina. A igreja deve ser sal e luz, e mudar as cidades e nações através do poder do evangelho.

Por favor, junte-se a mim para iniciarmos um movimento de ações de graças, tomando a decisão radical de não reclamar ou criticar, mas sempre dar graças em e por tudo!

Printed in Great Britain
by Amazon